LEKTÜRESCHLÜSSEL FÜR SCHÜLER

Stefan Zweig

Schachnovelle

Von Martin Neubauer

Philipp Reclam jun. Stuttgart

RECLAMS UNIVERSAL-BIBLIOTHEK Nr. 15365

Gesamtherstellung: Reclam, Ditzingen
Printed in Germany 2006
RECLAM, UNIVERSAL-BIBLIOTHEK und
RECLAMS UNIVERSAL-BIBLIOTHEK sind eingetragene
Marken der Philipp Reclam jun. GmbH & Co., Stuttgart
ISBN-13: 978-3-15-015365-9
ISBN-10: 3-15-015365-4

www.reclam.de

Inhalt

1. Erstinformation zum Werk

1941 [illegible] Schachnovelle [illegible] Zweig [illegible] 1942 wurde sie [illegible] Die [illegible] reichen [illegible] Der [illegible] hat [illegible] dass [illegible] Novellen [illegible] Titel des Werks, [illegible] der Wahrnehmung [illegible] Schachspiel [illegible] sich die Gattungsbezeichnung Novelle ein Wort [illegible] ursprünglich bezeichnet [illegible] Neuigkeit [illegible] Umstand [illegible] Besonderheit [illegible]

Vordergründig [illegible] Zusammensetzung aus zwei Nomen hatte dem Titel etwas Beispielhaftes [illegible]. In der Tat handelt es sich [illegible] Novelle [illegible] zum Thema Schach, sondern – wie auch die [illegible] internationale Wirkungsgeschichte gezeigt hat – um die Novelle, um das Kultbuch für die Freunde des königlichen Spiels. Und doch, obwohl das Schachspiel darin nicht [illegible], die ihm innewohnende Logik nicht nur bewundert wird – vielleicht wird auch seine dunkle Dämonie [illegible] Seite darin zur Sprache gebracht. Oder ist gerade diese Sichtweise, die die Ambivalenz, die Widersprüchlichkeiten des Schachspiels akzentuiert, vielleicht der eigentliche Grund für die lang anhaltende Popularität der Erzählung?

1. Erstinformation zum Werk

1941 schrieb Stefan Zweig seine *Schachnovelle*, 1942 wurde sie veröffentlicht. Die Pläne dazu reichen freilich länger zurück. In einem Brief, wahrscheinlich vom Sommer 1938, berichtet Stefan Zweig seinem Schriftstellerkollegen Joseph Roth, dass er Material zu einer »Art symbolischer Novelle«[1] gesammelt und daran schon zu arbeiten begonnen habe. Wie dieses Symbol beschaffen sein soll, verrät schon der Titel des Werks, auf das sich diese Briefstelle aller Wahrscheinlichkeit nach bezieht: Es geht um das Schachspiel. Im zweiten Teil des Titels versteckt sich die Gattungsbezeichnung: »Novelle«, ein Wort romanischen Ursprungs, bezeichnet eine Neuigkeit, weist auf den Umstand hin, dass von etwas Besonderem, etwas Ausgefallenem die Rede sein soll.

Titel

Schachnovelle: In seiner Zusammensetzung aus zwei Nomen haftet dem Titel etwas Beispielhaftes an. In der Tat handelt es sich nicht um *eine* Novelle zum Thema Schach, sondern – wie auch die internationale Wirkungsgeschichte gezeigt hat – um *die* Novelle, um *das* Kultbuch für die Freunde des königlichen Spiels. Und dies, obwohl das Schachspiel darin nicht nur gefeiert, die ihm innewohnende Logik nicht nur bewundert wird – vielmehr wird auch seine ›dunkle‹, dämonische Seite darin zur Sprache gebracht. Oder ist gerade diese Sichtweise, die die Ambivalenz, die Widersprüchlichkeiten des Schachpiels akzentuiert, vielleicht der eigentliche Grund für die lang anhaltende Popularität der Erzählung?

Schach-Kultbuch

Ambivalenz des Schachspiels

Schach, das intellektuellste aller Spiele, bewahrt in Zweigs Erzählung einen Menschen vor dem psychischen Zusammenbruch – und zerstört im weiteren Verlauf der Novelle dessen Geist. Es bewirkt sowohl Rettung als auch Verderben. Wie so etwas Außergewöhnliches, ja Sinnwidriges geschehen kann, wird anhand einer psychologischen Fallstudie gezeigt, in deren Mittelpunkt ein Mensch steht, der die Schrecken der Isolationsfolter erdulden muss, den ein Buch über das Schachspiel vor der geistigen Austrocknung bewahrt, von dem aber in der Folge das Spiel als fixe Idee Besitz ergreift. Diesem Menschen wird ein Charakter als Kontrahent gegenübergestellt, wie er gegensätzlicher nicht sein kann – einzig die Besessenheit, mit der jeder auf seine Weise das Schachspiel ausübt, verbindet die beiden.

Umstände der Entstehung

Man braucht vom Schachspiel nicht unbedingt eine Ahnung zu haben, aber um sich ganz in die *Schachnovelle* hineindenken zu können, sollte man die Umstände kennen, unter denen sie entstanden ist – denn sie ist nicht nur eine psychologische Erzählung, sondern auch ein Spiegel ihrer Zeit. Im März 1938 war Hitlers Wehrmacht in Österreich einmarschiert und hatte somit erstmals die Grenzen eines souveränen Staates überschritten. Viele Österreicher begrüßten die Tatsache, dass ihr Land ein Teil des Deutschen Reichs wurde; für viele Österreicher bedeutete dies jedoch Bespitzelung, Verfolgung, Folter und gewaltsamen Tod. Stefan Zweig, jüdischer Herkunft, war zu diesem Zeitpunkt bereits ins Ausland übersiedelt. Für ihn war klar, dass er mit Hitlers Einmarsch seine Heimat endgültig verloren hatte. In diesem Bewusstsein verfasste er die *Schachnovelle*, verarbeitete darin die Erfahrungen von Verlust und Einsamkeit, von Bedrohung und Niederlage, indem er einen aussichtslosen Kampf mit einem übermächtigen Gegner schilderte.

Die *Schachnovelle* ist Zweigs letzte Erzählung, gleichsam sein episches Vermächtnis, das erst nach seinem Tod veröffentlicht wurde. Wahrscheinlich hätte es den Schriftsteller gewundert, wenn er den Erfolg dieser Novelle miterlebt hätte – er hielt sie für zu elitär, für zu anspruchsvoll. Diese Skepsis war unangebracht, denn im Laufe der Jahre hat das Buch eine weltumspannende Leserschaft gewonnen: die Grenzen überschreitend, wie sich der Kosmopolit und international angesehene Autor Zweig gefühlt hat, so weltumspannend aber auch wie das Schachspiel selbst.

Zweigs episches Vermächtnis

2. Inhalt

Ausgangssituation

An Deck eines Dampfers, der seine Passagiere von New York nach Südamerika bringen soll, unterhält sich der Ich-Erzähler gerade mit einem Bekannten, als der Schachweltmeister Mirko Czentovic an Bord des Schiffes geht, um eine Turnierreise anzutreten, und dabei für beträchtlichen Presserummel sorgt.

Czentovics Karriere

Czentovic hat eine erstaunliche Karriere hinter sich: Als Waisenkind, das aus einfachsten Verhältnissen stammt, ist er in einem abgelegenen Balkandorf von einem Pfarrer erzogen worden, der an dem Jungen auch dessen außergewöhnliche Schachbegabung entdeckt hat. Innerhalb kürzester Zeit gelingt Czentovic der steile Aufstieg zu einer internationalen Schachgröße; bereits mit zwanzig ist er Weltmeister. Der Erfolg und das schnelle Geld haben ihn selbstgefällig und habgierig gemacht, dabei ist seine Fähigkeit völlig einseitig: Im Grunde genommen ist er ein stumpfsinniger, unkultivierter Provinzler geblieben, ungebildet, kaum fähig, sich mündlich – und schon gar nicht schriftlich – zu artikulieren.

Der Plan des Ich-Erzählers

Dieser widersprüchliche Charakter erweckt das psychologische Interesse des Erzählers, doch wird er von seinem Freund gewarnt: Czentovic meide die Gesellschaft. Und tatsächlich: In den ersten Tagen der Reise bietet sich zum Ärger des Erzählers keine Gelegenheit, mit dem Weltmeister ins Gespräch zu kommen. Um sein Ziel schließlich doch zu erreichen, wirft der Erzähler einen Köder aus: Im Rauchsalon des Schiffes beginnt er mit seiner Frau Schach zu spielen und lockt damit eine Hand voll Schaulustiger an, von denen einer, ein reicher schottischer Tiefbauingenieur namens McConnor, bald sein neuer Gegner wird. McConnors Ehrgeiz verträgt keine Niederlage; immer wieder sucht er Revanche, und so reiht sich schließlich Partie an Partie.

McConnors Herausforderung

Am dritten Tag würdigt Czentovic die beiden Amateure kurz eines Blicks. Als McConnor erfährt, dass sich ein Schachweltmeister an Bord befindet, ist er ganz versessen darauf, gegen ihn eine Partie auszutragen. Czentovic erklärt sich erst dazu bereit, als er vom Schotten einen hohen Dollarbetrag angeboten bekommt.

Eine Niederlage und ein Remis

Tags darauf tritt der Weltmeister gegen eine Gruppe Interessierter an. Das erste Spiel gewinnt er mühelos, legt dabei aber arrogante Gleichgültigkeit an den Tag. Gegen Geld lässt er sich zu einer Revanchepartie überreden. Auch dieses Spiel hat Czentovic souverän in der Hand, stellt seinen Gegnern eine verlockende Falle – bis ein Unbekannter den Amateuren plötzlich zu Hilfe kommt und durch seine überzeugende Analyse der Stellung und sein energisches Eingreifen dem – nunmehr nicht mehr so gleichgültig agierenden – Schachmeister ein Remis abringt. Czentovic bietet eine dritte Partie an. McConnor will, dass der unbekannte Retter allein antritt, doch der lehnt verwirrt ab und zieht sich mit den Worten zurück, er habe schon jahrelang vor keinem Schachbrett gesessen.

Der Erzähler und Dr. B.

Man bittet den Erzähler, er möge versuchen, den Unbekannten umzustimmen – vielleicht habe er Erfolg, immerhin seien beide ja Österreicher. Tatsächlich zeigt sich

Dr. B. – so der Name des Retters – sehr offen; den seltsamen Umstand, dass seine erstaunlichen Schachkenntnisse nicht Resultat spielerischer Praxis sind, erklärt er, indem er über sein Schicksal berichtet.

Dr. B. stammt aus einer traditionsreichen österreichischen Familie. Als Anwalt habe er Kontakte zur Kirche und zu den höchsten Kreisen des Adels gehabt und für sie als Vermögensverwalter gearbeitet. Das sei auf das Interesse der Nationalsozialisten gestoßen. Ein Verbindungsmann aus der Kanzlei habe diese über die verschiedenen Geschäfte informiert, und so sei Dr. B. einen Tag vor Hitlers Einmarsch in Wien von der SS verhaftet worden, habe aber zuvor die für die Nazis interessanten Belege in Sicherheit bringen können. Um wichtige Informationen aus ihm herauszupressen, habe man ihn im Hotel Metropole, dem Hauptquartier der Gestapo, in ein Einzelzimmer gesperrt. Tagelang sei er in absoluter Isolation gehalten worden, ohne Möglichkeit zum Gespräch oder zu irgendeiner geistigen Betätigung.

Verhaftung und Isolationsfolter

Schon fast bereit, nach viermonatiger Einzelhaft die geforderten Informationen preiszugeben, sei es ihm vor einem Verhör gelungen, sich heimlich in Besitz eines Buches zu bringen. Seine Hoffnung auf anspruchsvolle literarische Genüsse sei aber in jenem Moment zerschlagen worden, als er es auf seinem Zimmer hervorgeholt habe: eine Sammlung von Schachpartien. Enttäuscht habe er mit dem Nachspielen begonnen, dazu notdürftig eine karierte Bettdecke verwendet und aus Brotkrümeln Figuren geknetet. Schon bald seien diese Behelfe nicht mehr notwendig gewesen, da er die Partien im Kopf nachgespielt habe, um damit sein Gehirn zu trainieren.

Das Schachbuch

Weg in den Wahnsinn

Die Waffe gegen die Abstumpfung habe sich aber als zweischneidig erwiesen, denn schon bald sei er des Einübens und Rekapitulierens alter Partien überdrüssig gewesen und habe sich der Erfindung neuer Partien gewidmet. Dies habe jedoch zur Aufspaltung seines Bewusstseins geführt, da es dabei erforderlich war, für jeden der beiden imaginären Gegner jeweils die Spielzüge vorauszudenken. Dadurch sei er geistig völlig aus dem Gleichgewicht geraten und habe, vom Schachspiel als Mittelpunkt seiner Existenz geradezu besessen, die Verhöre und sogar die Nahrungsaufnahme zu Nebensachen werden lassen.

Dr. B. geht ins Exil

Schließlich sei er eines Tages in einem Krankenhaus erwacht, wohin man ihn im Zustand unkontrollierter fiebriger Erregung gebracht hatte. Dem behandelnden Arzt sei es gelungen, Dr. B.s Entlassung durchzusetzen, sodass er ungehindert Österreich habe verlassen können.

Dr. B.s Spielweise

Dr. B. erklärt sein überraschendes Eingreifen in die Partie mit Czentovic damit, dass sich sein Denken abgewöhnt habe, Schachpartien mit Spielern aus Fleisch und Blut in Verbindung zu bringen. Mit der Partie gegen den Weltmeister am folgenden Tag verfolge er das therapeutische Ziel, einen Schlussstrich unter seine Schachbesessenheit zu ziehen.

Sieg und Zusammenbruch

Es kommt jedoch ganz anders. Tatsächlich gelingt Dr. B. das Unglaubliche – er kann Czentovic besiegen. Entgegen seinem guten Vorsatz und den Warnungen des Erzählers lässt er sich auf eine Revanchepartie ein, in deren Verlauf er zusehends die Kontrolle über sich selbst verliert und – wie schon in seiner Haft – in eine fiebrig erregte Anspannung verfällt: nicht zuletzt bedingt durch das psychologische

Geschick seines Gegners, der ihn durch bewusst verzögerndes Spiel aus der Fassung bringen will. In seiner verwirrten Ungeduld beginnt Dr. B. während der Zugpausen andere Partien zu durchdenken und bietet seinem Gegenüber sogar ein falsches Schach. Nur der Abbruch der Partie kann Dr. B. vor dem geistigen Zusammenbruch retten. Aus seiner Trance erwachend, schwört er dem Schachspiel ab, während Czentovic gönnerhaft die Qualitäten seines Gegenspielers lobt.

3. Personen

Dr. B. Niemand weiß Genaueres über ihn, als er das erste Mal auftritt – Dr. B., der Retter aus dem Nichts, der die versammelten Schachamateure vor dem drohenden Untergang bewahrt. Zunächst lernt man nur sein Äußeres kennen: ein Mittvierziger mit auffällig schmalem, scharfem Gesicht, dessen »fast kreidige Blässe« (37) der Erzähler besonders hervorhebt. Diese wie auch weitere Äußerlichkeiten werden später mit seiner zermürbenden Einzelhaft erklärt: die Verwirrung, die sich nach Ende der Partie seiner bemächtigt (vgl. 43), das nervöse Zucken um den Mundwinkel (vgl. 53), das weiße Haar, insgesamt auch die Tatsache, dass er den Eindruck eines plötzlich Gealterten hinterlässt (vgl. 46).

Erscheinungsbild

Sein Schicksal, über das er dem Erzähler berichtet, steht stellvertretend für viele Opfer der NS-Herrschaft, die noch viel Schlimmeres erdulden mussten: Dr. B. wird von heute auf morgen aus dem Berufsleben gerissen, inhaftiert und brutaler Gehirnwäsche ausgesetzt. Seine Kontakte zur Umwelt sind gekappt, sinnvolle Tätigkeit wird unterbunden – er wird ein »Sklave des Nichts« (73), losgelöst von allem, was menschliches Leben lebenswert macht.

Opfer der NS-Willkür

Auch die Zeit nach seiner Haft steht für Dr. B. im Zeichen von Verlust und Trennung. Er repräsentiert den Typus des Exilanten, der sich dem Zugriff Hitlers durch die Flucht ins Ausland entzieht: Dabei verliert er nicht nur seine Heimat und seine gesellschaftlichen Bindungen,

Exil als Leidensstation

sondern auch einen Teil seines Ich. Deutlich wird dies im Verlauf der beiden Partien mit Czentovic, als Dr. B. zusehends die Kontrolle über sich abhanden kommt und er in unbeherrschte Erregung verfällt. Sukzessive nimmt etwas Wahnhaftes von ihm Besitz – etwas anderes, das nicht er selbst ist.

Treue zu Österreich

Dr. B. verkörpert die Tradition des alten Österreich und damit vieles, was schon vor dem Anschluss ans Deutsche Reich der Vergangenheit angehörte. Seine Vorfahren pflegten Umgang mit Franz Schubert und dem Kaiser, und als Anwalt steht er auch in der Zeit der Ersten Republik jenen Kreisen nahe, die die alte Monarchie gestützt haben, also dem Adel und der Kirche. Dr. B. ist noch so stark in seiner als positiv empfundenen Welt von gestern verwurzelt, dass er an den radikal neuen Verhältnissen der Gegenwart – der Diktatur des Hitlerstaats – zerbrechen muss. Von Berufs wegen vertritt er klerikal-monarchistische Interessen und ist dadurch den neuen Machthabern ein Dorn im Auge. Seine Opposition gegen den Nationalsozialismus ist nicht politischer Natur, sondern Konsequenz eines pflichtbewussten und loyalen Charakters. Das Motiv des politischen Widerstands bleibt aus der *Schachnovelle* daher ausgespart.

Umgänglichkeit

Herkunft und Umgang von Dr. B. sind vom Großbürgertum geprägt; anders als Czentovic weiß er demnach, wie er sich in der Gesellschaft zu bewegen und zu verhalten hat. Dank seiner verbalen Wendigkeit bereitet es ihm keine Schwierigkeiten, die Konversation mühelos zu meistern und Situationen sprachlich exakt zu analysieren. Trotz dieser Qualitäten ist er um eine unauffällige Erscheinung bemüht und frei von Arroganz – ebenfalls ein Unterschied zu Czentovic.

Czentovic. Wie Dr. B. ist auch der Weltmeister eine ungewöhnliche Erscheinung, nur sind die ausgefallenen Wesenszüge seiner Person anders gelagert. Czentovic tritt gleich zu Beginn der Novelle auf: Zusammen mit einem Bekannten verfolgt der Erzähler, wie er an Bord geht. Für beide ist der Schachprofi kein unbeschriebenes Blatt – in einer Rückblende wird der sensationelle Aufstieg des Waisenknaben zur internationalen Schachkoryphäe nachvollzogen. Die außerordentliche Begabung des Wunderkindes ist dabei gleichermaßen Gegenstand des Anekdotischen wie die Tatsache, dass er ein »völliger Outsider der geistigen Welt« (16) bleibt. Deutlich erinnert die Episode, in der der Fünfzehnjährige den lokalen Schachgrößen im Dorfcafé eine Lektion erteilt, an die Geschichte des kleinen Jesus unter den Schriftgelehrten. Inwieweit solche Informationen, die sich aus zusammengelesenen Pressemeldungen zusammensetzen (vgl. 8), von Wert sind, ist zu bezweifeln, zumal an anderer Stelle erwähnt wird, dass sich Czentovic gegenüber Reportern als wenig auskunftsfreudig erweist (vgl. 16 f.).

Schachwunderkind

Der Schachweltmeister ist eine paradoxe, zwiespältige Gestalt. Das Können, dem er seine Karriere verdankt, ist sehr einseitig gelagert, sein Spiel phantasielos und unimaginativ, allein auf sturer Logik beruhend. Die Auseinandersetzung mit dem Gegner ist für ihn wie eine Schlacht, in der Zähigkeit mehr gilt als Genialität – nicht ohne Grund wird er mit

Einseitiges Talent

Kutusow und Fabius Cunctator verglichen, die auf diese Art die größten Feldherren ihrer Zeit, Napoleon und Hannibal, niedergerungen haben (vgl. 16). Die Welt von Czentovic besteht im Wesentlichen aus den 64 Feldern des Schachbrettes, ist »auf die enge Einbahn zwischen Schwarz und Weiß reduziert« (23). Konsequenterweise wird auch nicht mitgeteilt, ob und was sich der Weltmeister zu den politischen Umbrüchen seiner Zeit denkt – er erscheint als durch und durch unpolitischer Mensch.

Unsympathische Charakterzüge

Zwar bemüht sich Czentovic, den gepflegten Mann von Welt abzugeben, doch das Resultat ist kläglich: Im Grunde bleibt er immer der »beschränkte Bauernjunge« (17) von früher, ein Primitivling, dem etwas Groteskes und Komisches anhaftet. Die Apathie, die Stumpfsinnigkeit und die Kontaktarmut seiner Jugend haben im Erwachsenenalter nur andere Formen angenommen, haben Czentovic zu einer leidenschaftslosen, unzugänglichen Schachmaschine werden lassen.

Geld und Macht

Zwei Faktoren prägen das Verhältnis des Schachweltmeisters zum Schachspiel: Geld und Macht. Nicht die Schönheit und die Eleganz von Kombinationen reizt Czentovic, sondern die Gelegenheit, mit seinem Können Geld zu machen. Zugleich bietet ihm das Schachspiel die Möglichkeit, dem Rest der Welt seine Überlegenheit zu demonstrieren. Dieser Wille zur Macht lässt bei Czentovic unangenehme Charakterzüge zutage treten. Mit seinem psychologisch kalkulierten Verzögerungsspiel agiert er zugleich aggressiv und unsportlich. Er will damit Dr. B. aus der Fassung bringen, übt Druck auf ihn aus – vergleichbar dem Psychoterror, den der Anwalt während seiner Isolation hat erdulden müssen. Für das Seelenleben anderer hat der monomanisch auf das Schachbrett fixierte Czentovic wenig Verständnis: Den Zusammenbruch seines Gegners bei der letzten Partie quittiert er mit Selbstgefälligkeit und mitleidlosem Hohn.

Kontrastierung als Kompositionsprinzip

Angenommen, Czentovic wäre ein sympathischer und leutseliger Herr, so wie Dr. B. gebildet und von guten Manieren, ein Gentleman, der seinen Gegner zwar auf dem Brett besiegt, dennoch aber Menschlichkeit und Sportsgeist ausstrahlt – wo bliebe die Dramatik der Novelle, wo ihr eigentlicher Reiz und wo ihre Kernaussage?

Konflikt durch Gegensätze

So wie die schwarzen und die weißen Figuren, die schwarzen und die weißen Felder des Schachbretts extreme Gegensätze repräsentieren, so ist auch der ganze Text um Spannungen gebaut, um unvereinbare Charaktere und um schroffe Gegensätze. Ein Weltmeister von innerem Adel, der seinem Gegner Mut zuspricht, wäre da fehl am Platze. Denn die Novelle bewegt sich nicht auf Harmonie und Ausgleich zu, sondern zeigt einen Kampf bis aufs Messer, bis zu einem Punkt, an dem der eine Kontrahent psychisch aus dem Lot zu geraten droht. So ist es klar, dass sich bei den beiden Gegenspielern alles um Kontraste gruppieren muss:

Czentovic	Dr. B.
Provinzler	kommt aus Weltstadt
stammt aus schlichten Verhältnissen	stammt aus wohlhabender, traditionsreicher Familie
stumpfsinniger Eindruck	wache Intelligenz
wirkt unsympathisch (Unpünktlichkeit, Unhöflichkeit)	wirkt sympathisch (Umgänglichkeit, Höflichkeit, Hilfsbereitschaft)
Verschlossenheit	offene Darlegung seiner Biographie
Arroganz	möchte nicht auffällig wirken
ungebildet	gebildet (Akademiker)
verkümmerte Sprache	berichtet rhetorisch versiert von seinem Leben
gestörtes Seelenleben als Defekt von klein auf	gestörtes Seelenleben als ein in der Haft erworbener Defekt
als Schachprofi ein todsicherer Tipp	als Amateur nur Außenseiter
Schach ohne Einbildungskraft → braucht Schachbrett zum Nachspielen	zieht Figuren ausschließlich in der Vorstellung → Eidetiker
psychologisches Spiel	kein psychologisches Taktieren, da an keinen Gegenspielern aus Fleisch und Blut geschult
Unerschütterlichkeit beim Spiel → Ruhe, Selbstsicherheit, lässt sich Zeit	nervöse Unrast

McConnor. Für den schottischen Tiefbauingenieur McConnor ist Geld offensichtlich nur bedrucktes Papier. Er hat sein Vermögen in den USA mit Öl gemacht, wird also den Vorstellungen von der überdimensionalen amerikanischen Kaufkraft voll gerecht, die schon vor dem Ersten Weltkrieg in der deutschen Literatur thematisiert worden ist – beispielsweise in den Romanen *Königliche Hoheit* (1909) von Thomas Mann oder *Die andere Seite* (1909) von Alfred Kubin.

US-Millionär

McConnor ist von massiger Gestalt, sein kräftiger Körperbau – besonders seine breiten Schultern (vgl. 26, 29) – signalisieren Entschlossenheit. Er gibt den tüchtigen Erfolgsmenschen ab, für den es selbstverständlich ist, all das zu bekommen, was er will. Als Siegertyp verträgt er es nicht, zu verlieren. Sein ungesunder Ehrgeiz drängt ihn dazu, auf Niederlagen mit immer neuen Herausforderungen zu regieren; dabei fehlt ihm die richtige Selbsteinschätzung, wie hundsmiserabel er wirklich spielt.

Erfolgsmensch

Wie bei Czentovic überwiegen bei McConnor die wenig gewinnenden Charakterzüge, in gewissen Eigenheiten sind sie einander sogar ziemlich ähnlich. Beide sind – jeder auf seine Art – Geschäftsleute, denn für den Weltmeister bedeutet das Schachspiel die ausschließliche Geldquelle. Beide sind auf ihre eigene Person fixiert und zeichnen sich dabei durch eine Selbstsicherheit aus, die schon zur Selbstgefälligkeit und Unhöflichkeit wird.

Vergleich mit Czentovic

Seiner Enttäuschung über Dr. B.s Niederlage macht sich McConnor recht unsensibel mit der Bemerkung »Damned fool!« (110) Luft.

Reaktion auf Dr. B.s Niederlage

Dem Selfmademan aus Schottland bleibt eine tiefere Einsicht in die Psyche des Exilösterreichers verwehrt. Ihm entgeht, dass die Partie für Dr. B. weit mehr ist als ein bloßer Schlagabtausch zweier Schachspieler, nämlich ein Kampf gegen sich selbst, dem er unterliegt.

Aktivität

Der Erzähler. Für Stefan Zweig war die Ich-Form ein gern gewählter Weg, um eine Geschichte zu vermitteln. So auch in der *Schachnovelle*: Der Ich-Erzähler ist dabei selbst Teil dessen, worüber er berichtet; er beobachtet und hört zu; er betätigt sich listenreich, indem er zuerst seine Frau, dann McConnor als Lockvogel für Czentovic einsetzt; er arrangiert Begegnungen zwischen den Figuren und vermittelt zwischen ihnen; er greift aktiv in die letzte Partie ein und rettet damit seinen Landsmann.

Ich-Erzähler und Autor

Dem Erzähler kommt auch bei der Verteilung von Sympathien und Antipathien eine wichtige Rolle zu, weil der Leser gleichsam durch dessen Augen die anderen Figuren wahrnimmt. Trotzdem ist der Charakter des Erzählers weniger ausgeprägt konturiert als jener von Dr. B., Czentovic oder McConnor. Gewiss schimmert die Person des Verfassers durch: Er zeigt kultiviertes Benehmen, eine wache Neugier an der Psychologie seiner Mitmenschen und unternimmt die Schiffsreise in Gesellschaft seiner Frau – auf diese Art hatte auch Stefan Zweig 1940 Europa verlassen. Ihn deswegen auch dessen Emigrantenschicksal teilen zu lassen, ihn sogar mit dem Autor gleichsetzen zu wollen, scheint ein etwas voreiliger Befund zu sein,[2] zumal über den Zweck seiner Reise ebenso wenig gesagt wird wie über seine gesellschaftliche Stellung oder über seinen Beruf.

In den vier Hauptgestalten der Novelle spiegeln sich auch vier verschiedene Zugänge zum Schachspiel. Für Czentovic und für Dr. B. ist es kein Spiel mehr, sondern eine fixe Idee, von der beide abhängig sind – jeder auf seine Art. Der eine, weil er seine materielle Existenz darauf gründet, der andere, weil sein Geist daran gebunden ist – zunächst zur Rettung vor der intellektuellen Aushungerung, dann als Droge, die ihn an den Rand des Abgrunds führt. Für McConnor und den Erzähler hat Schach bei weitem nicht diese lebensprägende Bedeutung, obwohl der auf Selbstbestätigung ausgerichtete Zugang des Millionärs weitaus ernstere Züge aufweist als jener des Erzählers, der als Einziger in der Novelle das Spiel wirklich als Spiel betreibt, es zur Zerstreuung und zum unbeschwerten Vergnügen (vgl. 25) pflegt, ohne es perfekt zu beherrschen. So reagiert er als Zeuge im Kampf zwischen Czentovic und Dr. B. auf die Züge der beiden Kontrahenten eher mit Verständnislosigkeit. Unfähig, die Strategien der beiden analysieren zu können, wendet er sich von den Vorgängen auf dem Brett ab und legt sein Augenmerk auf das, was in der Novelle sein eigentliches Metier ist: die Beobachtung menschlicher Verhaltensweisen.

Zugänge zum Schachspiel

4. Werkaufbau

Erzählebenen

Die Novelle ist um zwei gegensätzliche Charaktere angelegt, über deren Begegnung ein namenlos bleibender Ich-Erzähler in der Gegenwartshandlung berichtet. Der biographische Hintergrund der beiden Kontrahenten wird durch zwei Binnengeschichten erhellt, die mittels Kontrastdramaturgie die Voraussetzungen für die große Konfrontation am Schluss der Novelle abgeben.

Erzählgegenwart	Rückblenden
Vor dem Ablegen des Schiffs: Der Erzähler wird auf Czentovic aufmerksam.	
	1. Rückblende: Biographie von **Czentovic** indirekte Vermittlung → vom Erzähler berichtet
Der Erzähler ködert Czentovic. Schachamateure treten gegen den Weltmeister an. **1. Kräftemessen** zwischen Czentovic und Dr. B. → die Partie endet mit einem **Remis.**	
	2. Rückblende: Biographie von **Dr. B.** direkte Vermittlung → von ihm selbst berichtet
2. Kräftemessen zwischen Czentovic und Dr. B. → die Partie endet mit einem **Sieg von Dr. B.** **3. Kräftemessen** zwischen Czentovic und Dr. B. → die Partie endet mit einer **Niederlage von Dr. B.**	

Die Rückblenden versuchen Erklärungen für die Verhaltensweisen zu geben, die Czentovic und Dr. B. in der Gegenwartshandlung an den Tag legen. So erscheint die Geldgier des Schachweltmeisters angesichts seiner Jugend in kargen Verhältnissen nachvollziehbar. Wichtiger für das Verständnis gegenwärtiger Handlungsweisen ist die Erzählung Dr. B.s über das, was ihm während seiner Gefangenschaft widerfahren ist. Denn nur so wird verständlich, dass ihn nicht übersteigerter Ehrgeiz zum Kräftemessen mit dem Weltmeister treibt, sondern dass er mit der Herausforderung zum Spiel Klarheit über sich selbst gewinnen will, dass er wissen will, was wirklich mit ihm geschehen ist, ob der Wahnsinn damals tatsächlich von ihm Besitz ergriffen hat oder nicht. Die Vergangenheit, über die Dr. B. in seiner Erzählung berichtet, ist Anlass für ein riskantes Selbstexperiment in der Erzählgegenwart, in dessen Verlauf er erprobt, ob er gegen die manische Gewalt, die das Spiel über ihn zeitweise gewonnen hat, bestehen kann.

Funktion der Rückblenden

»Unerhörte Begebenheit«

Gewiss kann kaum jemand einen Schachweltmeister überwinden, wenn er das Spiel im Selbststudium anhand eines Lehrbuchs perfektioniert hat, selbst nie einem Gegner aus Fleisch und Blut gegenübergesessen ist, seit zwei Jahrzehnten nie eine Schachfigur berührt hat. Gerade diese unvorstellbare Situation sorgt aber für das, was für die Form der Novelle charakteristisch ist – für die, wie es Goethe nannte, »sich ereignete unerhörte Begebenheit«.

Vielfalt des Außergewöhnlichen

Die Erzählung bietet jedoch noch mehr an Außergewöhnlichem – nicht nur den Umstand, dass ein Schachweltmeister bei vier näher beschriebenen Partien gegen Amateure zweimal ohne Sieg bleibt, einmal sogar eine Niederlage einstecken muss. Ebenso bemerkenswert ist der unglaubliche Aufstieg von Mirko Czentovic, und nicht minder ungewöhnlich ist die Art, wie sich Dr. B. mithilfe des Schachspiels vor dem Wahnsinn rettet und gerade dadurch dem Wahnsinn verfällt. Alles erstaunliche Vorkommnisse – und allen gemeinsam die große Rolle, die dem Schachspiel dabei zukommt: einerseits, wie es verändernd in die Lebensgeschichten von Dr. B. und Czentovic eingreift; andererseits, wie es zum Kampfplatz der finalen Auseinandersetzung zwischen den beiden wird. Dies ist auch der Höhepunkt, auf den der Spannungsaufbau der Novelle hinsteuert, wo die Prinzipien von sich frei entfaltender Phantasie und mechanistischer Logik aufeinander treffen.

Schauplatz

Anders als der Roman liefert die Novelle einen Ausschnitt des Geschehens, stellt es verdichtet, dramatisch zugespitzt vor. Die Verengung auf wenige Schauplätze – das Schiff in der Gegenwartshandlung, die Isolationszelle in der Rückblende – fördert diese Konzentration in der *Schachnovelle*.

Schiffsreise als literarisches Motiv

Ein Schiff, das den Ort für heimatlose Existenzen abgibt und einen kleinen Kosmos, ein Miniaturabbild der Welt vorstellt, ist in der Literatur nichts Außergewöhnliches. In dem unter dem Pseudonym B. Traven 1926 erschienenen Roman *Das Totenschiff* leistet ein Matrose ohne Pass zusammen mit anderen Staatenlosen Dienst auf einem Schmugglerschiff; in Fred von Hoerschelmanns Hörspiel *Das Schiff Esperanza* (1953) werden Exilanten, die über den Atlantik illegal nach Amerika gebracht werden sollen, vom Kapitän dem Ertrinkungstod preisgegeben.

Lebensbühne Schiff

In all diesen Beispielen liefert das Schiff das symbolhafte Abbild einer Lebensbühne, stetig in Bewegung, aber fremden Lenkern ausgeliefert, ohne dass man als Individuum irgendeinen Einfluss darauf hätte. Zugleich unterstreicht der Schauplatz Schiff die Heimatlosigkeit jener, die sich an Bord befinden, denn die haben im wahrsten Sinne des Wortes das Land, den Boden unter den Füßen verloren. In der *Schachnovelle* kommt hinzu, dass mit den Passagieren ein Ausschnitt der bürgerlichen Welt dargeboten wird – als hermetischer Zirkel jener, die sich eine Überfahrt leisten können.

Schauplatz Hotelzimmer

Auch der zweite Schauplatz, das Hotelzimmer, in dem Dr. B. festgehalten wird, ist im weitesten Sinn ein Ort, der mit Reiseerlebnissen zu tun hat – und damit auch im weitesten Sinne mit Zweigs Biographie verknüpft, der als Weltenbummler, als Umhergetriebener gerade diese Erfahrung wiederholt in seinen Texten verarbeitet hat.[3] *Sommernovelette* (1906), *Brennendes Geheimnis* (1911), *Vierundzwanzig Stunden im Leben einer Frau* (1925), *Untergang eines Herzens* (1927), *Die zu spät bezahlte Schuld* (postum 1951 veröff.) – in all diesen Erzählungen geben Kurorte, Sommerfrischen oder Hotels im sonnigen Süden die Kulisse ab.

Wer unter der zeitgenössischen Leserschaft solche Schauplätze nicht aus eigener Erfahrung kannte, der kannte sie höchstwahrscheinlich aus der Literatur, etwa aus den Erzählungen und Schauspielen von Zweigs Zeitgenossen Arthur Schnitzler. Gerade Texte, die das psychologische Moment in den Vordergrund stellten, schätzten das räumliche Anderswo: Nur dort scheint es möglich zu sein, neue Bekanntschaften zu schließen und zugleich ihrer Flüchtigkeit gewiss zu sein, nur dort wird man ermutigt, neue Verhaltensweisen – meist erotische Eskapaden – zu riskieren, zu denen man in gewohnter Umgebung keinen Mut hätte. Das Hotel ist ein Schauplatz, der zum Handeln ermutigt, wo man aus dem Alltag heraustreten und Hauptdarsteller einer unerhörten Begebenheit werden kann.

Literarische Traditionen

Keine Spur davon in der *Schachnovelle*: Nicht Freiwilligkeit bestimmt den Aufenthalt Dr. B.s, sondern Zwang: keine Dynamik des Wechsels, keine Begegnung mit dem aufregenden Neuen, sondern das Gegenteil geschieht: Handeln wird unmöglich gemacht. Ewiger Gleichlauf ist Teilelement einer Strategie des psychologischen Terrors. So präsentiert das Hotel in der *Schachnovelle* eine Umkehrung eines bereits geläufig gewordenen literarischen Musters: Aus einem Ort, an dem normalerweise abwechslungsreiche Kontaktaufnahme gang und gäbe ist, wird eine Hölle der Isolation.

Negation der Motivtradition

5. Wort- und Sacherläuterungen

7,11 **Deck-show:** (engl.) musikalische Darbietung an Bord eines Schiffes.

7,13f. **Promenadendeck:** Deck eines Passagierschiffes für Spaziergänge im Freien.

7,19 **raren Vogel:** eigenwillige Persönlichkeit.

8,10 **Anekdoten:** kurze, pointierte Geschichten, die über den Charakter einer Person das Wesentliche verraten.

8,13 **Aljechin:** Alexander Aljechin (1892–1946) stammte aus einer Moskauer Aristokratenfamilie. Nachdem er die Sowjetunion 1921 verlassen hatte, schloss er in Paris sein Jura-Studium ab, widmete sich in der Folge aber ausschließlich dem Schachspiel. Er gilt als einer der größten Schachspieler aller Zeiten, war Weltmeister 1927–35 sowie 1937–46. Vgl. auch die Anmerkung zu 38,1f.

Capablanca: José Raúl Capablanca y Graupera (1888–1942), Großmeister und Weltmeister, der als Zwölfjähriger bereits kubanischer Meister war. In seiner Zeit als Turnierspieler beendete er nur 35 Partien mit einer Niederlage.

Tartakower: Savielly Grigoriewitsch Tartakower (1887–1956), Schachgroßmeister österreichisch-russischer Herkunft, der in Wien nicht nur den Doktortitel der Rechte erwarb, sondern auch als junges Talent im dortigen Schachclub mit zahlreichen Größen seiner Zeit zusammentraf. Als Turnierspieler erwarb sich Tartakower ebenso einen Namen wie als Verfasser von Büchern und Artikeln über das Schachspiel, die er mit witzigen Aussprüchen zu garnieren pflegte, wie z.B.: »Es ist stets besser, die Steine des Gegners zu opfern.« Tartakowers

Die hypermoderne Schachpartie (^{2}1925) diente Zweig als Quelle für seine *Schachnovelle.*

Lasker: Emanuel Lasker (1868–1941), deutscher Schachweltmeister und promovierter Mathematiker, der 1933 zuerst ins sowjetische, dann ins amerikanische Exil ging. Lasker brillierte bei seinen Partien nicht nur durch logisches Kalkül, sondern auch durch die Abstimmung seines Spiels auf die Persönlichkeit seines Gegners. Er verfasste neben seinen Büchern über das Schachspiel auch philosophische Werke und ein 1925 uraufgeführtes Theaterstück.

8,14 **Bogoljubow:** Efim Dmitrijewitsch Bogoljubow (1889–1952), deutscher Großmeister ukrainischer Herkunft und Autor von Schachbüchern. Er unterlag Aljechin 1929 und 1934 im Kampf um den Weltmeistertitel. Vgl. auch die Anmerkung zu 38,1 f.

8,14–16 **seit dem Auftreten des siebenjährigen Wunderkindes Rzecewski bei dem Schachturnier 1922 in New York:** Samuel Reshevsky, amerikanischer Großmeister und eines der berühmtesten Schachwunderkinder, wurde 1911 geboren und war bei dem erwähnten Turnier daher nicht sieben, sondern elf Jahre alt.[4] Noch bevor er lesen und schreiben konnte, beherrschte Reshevsky die Regeln des Schachspiels und besiegte als Achtjähriger bei Einzelpartien in Wien mehrere angesehene Spieler. Wie bei Zweigs Schachmeister Czentovic war auch Reshevskys Begabung eher einseitig gelagert: Bei einem Intelligenztest, der 1920 mit ihm durchgeführt wurde, demonstrierte er zwar sein außerordentliches Zahlengedächtnis, schnitt aber in allen anderen Aufgaben nur mäßig oder durchschnittlich ab. Reshevsky starb 1992.

8,24 f. **orthographischen Fehler:** Rechtschreibfehler.

9,2 **universell:** (lat.) allgemein, umfassend.

11,19 **»Bileams Esel!«:** Bileam ist ein Seher im Alten Testament, dessen Esel zu sprechen beginnt, als ein Engel Gottes beiden den Weg versperrt (4. Mos. 22,30).

12,1 **Famulus:** (lat.) hier: Knecht.

12,16 **präsentabel:** (lat.) vorzeigbar.

12,19 **enragierten:** (frz.) hier: begeisterten, leidenschaftlich erregten.

13,4 **Sizilianische Eröffnung:** Weiß rückt im ersten Zug den Bauern von e2 auf e4, der schwarze Bauer folgt mit c7–c5.

13,12f. **Honoratioren:** (lat.) geachtete Bürger einer kleineren Stadt.

14,7 **Simultanpartie:** (lat.) Schachwettkampf, bei dem ein Spieler gegen mehrere Gegner gleichzeitig antritt.

14,11 **Usus:** (lat.) Brauch.

14,24 **Agent:** (lat.) Person, die Schauspielern, Sängern, Artisten und anderen Engagements vermittelt.
Chansonetten: (frz.) Sängerinnen im Kabarett.

14,25 **Garnison:** (frz.) Truppenstandort.

15,6f. **zeichnete sofort den Betrag:** bestätigte die Zahlung mit seiner Unterschrift.

15,19 **Karree:** (frz.) Viereck.

15,24 **rekonstruieren:** (lat.) wiederherstellen; hier: abrufen, anschaulich machen.

16,1f. **imaginativer Kraft:** Vorstellungsgabe.

16,8 **stupenden:** (lat.) verblüffenden, staunenswerten.

16,16 **Kutusow:** Michail Ilarionowitsch Kutusow (1745–1813), seit 1812 Oberbefehlshaber der russischen Truppen im Kampf gegen Napoleon.

16,17 **Fabius Cunctator:** Quintus Fabius Maximus Verrucosus († 203 v. Chr.), römischer Politiker, der gegen

Hannibal im Zweiten Punischen Krieg erfolgreich eine Hinhaltetaktik anwandte; daher auch sein Beiname »Zauderer«.

Livius: Titus Livius (59 v. Chr. – 17 n. Chr.), römischer Historiker, der in seinem nur teilweise erhaltenen Werk *Ab urbe condita* die römische Geschichte von den Anfängen bis zu seiner eigenen Gegenwart festhielt.

16,19 **Phlegma:** (griech.) unbewegliche, träge Gemütsart.

Imbezillität: (lat.) geistige Zurückgebliebenheit.

16,20 **illustre:** (lat./frz.) erlauchte, vornehme.

16,25 **Outsider:** (engl.) Außenseiter.

17,5 **Sentenzen:** (lat.) prägnant formulierte Denksprüche.

17,9 **grotesken:** (frz.) durch übertriebene oder verzerrende Effekte seltsam, unnatürlich wirkenden.

17,17 **Gaudium:** (lat.) Vergnügen, Spaß.

18,4 **galizischer:** aus Galizien stammend, dem nordöstlichsten Teil der Österreichisch-Ungarischen Monarchie.

18,17 **beduseln:** sich einen Rausch antrinken; hier: verwirren.

18,19 **Präpotenz:** (lat.) aufdringlich zur Schau gestellte Überlegenheit.

18,21 **Banat:** nach dem Ende der Türkenherrschaft 1718 unter österreichischer Militärverwaltung stehende Region, die von den Flüssen Mieresch, Theiß und Donau sowie von den Ausläufern der Südkarpaten begrenzt wird. Nach dem Ende des Ersten Weltkriegs wurde das Banat zwischen Rumänien, Ungarn und Jugoslawien aufgeteilt.

19,3 f. **ein Rembrandt, ein Beethoven, ein Dante, ein Napoleon:** Der Freund des Erzählers nennt jeweils eine herausragende Gestalt aus der europäischen Malerei, Musik, Literatur und Politik.

19,14 **monomanischen:** (griech.) besessen auf eine einzige Sache oder Idee ausgerichteten.

19,21 **Abbreviatur:** (lat.) Abkürzung.
19,22 **Spezimen:** (lat.) Probe.
20,24 f. **peripatetische:** durch Hin- und Hergehen erfolgende; nach den Peripatikern benannt, den Schülern des griechischen Philosophen Aristoteles, die im Wandelgang (Peripatos) der Schule von Athen zusammenkamen.
21,3 **Steward:** (engl.) Schiffskellner, Betreuer der Passagiere.
21,7 **rekapitulieren:** (lat.) wiederholen, zusammenfassen.
21,20 **Attraktion:** (lat.) hier: Anziehungskraft.
21,22 f. **Tyrannis:** (griech./lat.) Gewaltherrschaft.
21,23 **Siegespalmen:** Palmzweige als Symbole des Sieges.
22,4 **Mohammeds:** des Religionsstifters des Islam (569–632).
22,10 **steril:** (lat./frz.) unfruchtbar, unschöpferisch, ohne praktischen Wert.
22,24 **Spezies:** (lat.) Art.
23,5 f. **physiognomischer:** (griech.) die äußere Erscheinung eines Menschen – speziell dessen Gesichtszüge – betreffender.
23,6 **Gall:** Franz Joseph Gall (1758–1828), Arzt und Anatom, nach dessen Theorie sich die charakterlichen Eigenheiten eines Menschen in dessen Schädelform manifestierten.
23,16 f. **tauben Gesteins:** Gestein, das kein Erz enthält.
23,19 **Matadore:** Stars, Berühmtheiten. In der Grundbedeutung (von span. *matar* ›töten‹) bezeichnet das Wort jenen Stierkämpfer, der in der Schlussphase des Kampfes dem Stier den Todesstoß versetzt.
24,16 **Passion:** (lat./frz.) Leidenschaft.
24,18 **absurdesten:** (lat.) widersinnigsten.
24,23 **proponierte:** (lat.) vorschlug.
25,21 f. **Smoking Room:** (engl.) Rauchsalon.
25,24 **vogelstellerisch:** nach Art der Vogelfänger, die die

Aufmerksamkeit ihrer Beute mit Ködern – »Lockvögeln« – erregen.

26,11 **prononcierte:** (frz.) betonte.

26,14 **vehementen:** (lat.) energiegeladenen.

26,22 **Selfmademan:** (engl.) jemand, der seinen beruflichen Erfolg aus eigener Kraft errungen hat.

27,7 **Revanche:** (frz.) hier: Rückspiel.

27,24 **dilettantischen:** (ital.) amateurhaften, unfachmännischen.

28,4 f. **›Gewogen und zu leicht befunden‹:** Anspielung auf das Buch Daniel (5,25–28) des Alten Testaments; dem babylonischen König Belsazar erscheint bei einem Gelage eine geisterhafte Hand, die diese Warnzeichen (»Menetekel«) an die Wand schreibt.

28,18 **mit Wasser kochen:** sich mit bescheideneren Umständen zufrieden geben.

30,12 **kontraktliche:** vertragliche.

31,3 **C'est son métier:** (frz.) Das ist sein Beruf.

31,11 **Cash:** (engl.) Bargeld.

31,25 **deplacierten:** (frz.) unpassenden.

31,26 **Kuriosums:** Kuriosum (lat.): Merkwürdigkeit, seltsame Besonderheit.

32,2 f. **deklariert:** (lat.) erklärt.

32,18 **Aplomb:** (frz.) Nachdruck.

33,24 **präpotente:** vgl. Anm. zu 18,19.

34,3 **impertinente:** (lat.) unverschämte, frech herausfordernde.

35,1 **pathologisch:** (griech.) krankhaft.

35,5 **transpirierte:** (lat.) schwitzte.

35,17 **doubliert:** von frz. *doubler* ›verdoppeln‹.

36,10 **vordem:** früher, zuvor.

36,14 f. **beim siebenunddreißigsten Zuge angelangt:** Bis zur Auflage vom Mai 1994 hielt sich die Taschenbuchausgabe des Fischer-Verlags an das Originaltyposkript Stefan Zweigs, in dem von einem »siebzehnten Zuge« die Rede ist. Die Textänderung wird dem Gang der Partie zwischen Aljechin und Bogoljubow eher gerecht, auf die später (vgl. 38) durch Dr. B. hingewiesen wird. Allerdings scheint die Tatsache, dass Amateure einem Schachweltmeister 37 Züge lang Paroli bieten können (und zudem noch bei der Stellung einer historischen Meisterpartie anlangen), noch unwahrscheinlicher, als dies schon bei 17 Zügen der Fall ist: »Nach 17 Zügen, wonach es zu diesem Zufall angeblich gekommen ist, ja, noch viel früher müßten sich schon die strategischen Fehler der ungeschulten Liebhaber klar bemerkbar machen, und die Partie müßte bereits zu dieser Zeit wenn schon nicht beendet, so doch praktisch entschieden sein.«[5]

36,16 **Konstellation:** hier: Stellung der Figuren auf dem Brett.

36,18 **c-Linie:** »Linien« nennt man die vertikalen Felder des Schachbrettes, aus der Perspektive des Spielers gesehen. Sie werden – von Weiß aus – von links nach rechts mit den Buchstaben von a bis h bezeichnet.

36,20 f. **um eine neue Dame zu gewinnen:** Erreicht ein Spieler mit seinem Bauern – der schwächsten Figur – die letzte Reihe des Schachbretts, kann er ihn in eine beliebige stärkere Figur (mit Ausnahme des Königs) umwandeln.

36,23 **argwöhnten:** misstrauten, verdächtigten.

37,3 **Finte:** taktisches Manöver, List.

37,23 **Freibauern:** ein besonders im Endspiel effizienter Bauer, dem kein gegnerischer Bauer seinen Weg zum Umwandlungsfeld (vgl. Anm. zu 36,20 f.) versperren kann. Auch auf den benachbarten Linien dürfen keine gegnerischen Bauern stehen, die ihn schlagen könnten.

38,1 f. **Aljechin gegen Bogoljubow 1922 im Pistyaner Großturnier:** Zweig greift an dieser Stelle auf die Beschreibung einer Partie zurück, die er in Tartakowers *Die hypermoderne Schachpartie* (vgl. Anm. zu 8,13) vorgefunden hatte. Das unten wiedergegebene Diagramm zeigt die Stellung nach 38. d6:

Mit folgender Variante würden die Gegner von Czentovic verlieren: 38. … c1D 39. Lxc1 Sxc1 40. d7 Se2+ 41. Kf2. Weiß steht damit auf Gewinn:

Die Variante, mit der Dr. B. das Remis herausholt, lautet so: 38. … Kh7 39. h4 Tc4 40. e5 Sxe5 41. Lb2 Tc8 42. Tc1 Sd7 43. Kf2 Kg6 44. Ke3 Tc6 45. Ld4 Sf6 46. Kd3 Txd6 47. Txc2. Damit ist folgende Stellung erreicht:[6]

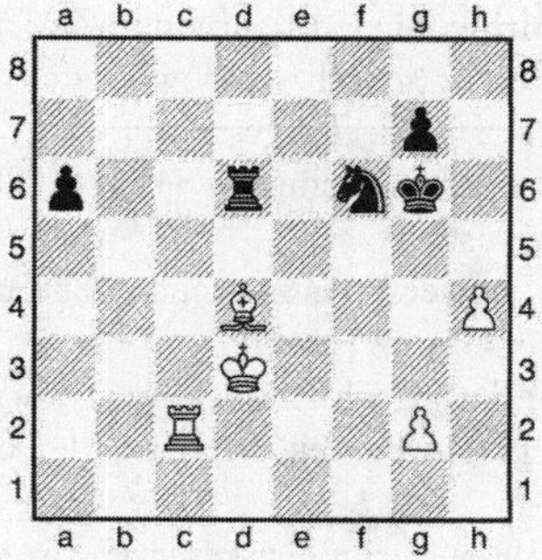

38,2 **initiiert:** (lat.) in die Wege geleitet.

38,20 **parieren:** (frz.) abwehren.

38,21 **Tempi:** (ital., Sing. ›Tempo‹) zeitlicher Vorsprung bei der Entwicklung eines Planes im Schachspiel.

38,24 **defensiv:** (lat.) auf Verteidigung bedacht, nicht offensiv. Dr. B.s Anweisung steht allerdings im Widerspruch zu dem, was er auf der folgenden Seite rät: »Den ganzen Druck vorwärts, statt zu verteidigen!«

38,25 **Remis:** Unentschieden, abgeleitet vom französischen Wort *remettre* ›wieder hinstellen‹, ›hinsetzen‹, ›hinlegen‹ etc.

39,16 **Königsflügel:** der auf Seite des Königs liegende Teil des Schachbretts, also die Linien e, f, g und h.

41,15 **Abtausch forcieren:** eine vor allem von schwächeren Spielern im Kampf gegen stärkere beliebte Strategie, bei der gleichwertige Figuren – also beispielsweise Turm gegen Turm – in kurz aufeinander folgenden Zügen wechselseitig geschlagen werden.

41,20 **Statisten:** (lat.) Darsteller stummer Rollen.

43,21 **Verstattung:** Erlaubnis.

44,6 **Gegenpointe:** Antwort auf einen Zug des Gegners.

45,23 **Hypothesen:** (griech.) unbewiesene Annahmen.

46,15 **Deckchair:** (engl.) Liegestuhl.

47,3 **Schuberts:** Franz Schubert (1797–1828), österreichischer Komponist.

47,4 **des alten Kaisers:** des zwischen 1848 und 1916 regierenden Kaisers Franz Joseph.

49,10 **Causen:** (lat.) Rechtsfälle (Sing. *causa*).

49,18 **der klerikalen Partei:** der Partei der Christlichsozialen.

49,21 **Fonds:** (frz.) Vermögensreserven für einen bestimmten Zweck.

49,25 **Seitenstetten:** im 12. Jahrhundert gegründetes Benediktinerstift im westlichen Niederösterreich.

50,4 **Diskretion:** Verschwiegenheit; über das Französische vom lat. Wort *discretus* ›abgesondert‹ abgeleitet.

50,14 **Transaktionen:** (lat.) größere finanzgeschäftliche Unternehmungen.

50,14 f. **mobilen Besitz:** nicht an einen festen Standort gebundenen Besitz; bewegliche Güter.

50,17 **Kurie:** päpstliche Behörden.

50,22 **ostentativ:** (lat.) offensichtlich, betont.

50,23 **unberufenen:** unbefugten.

50,24 **de facto:** (lat.) tatsächlich.

51,11 **Dollfuß:** Der österreichische Bundeskanzler Engelbert Dollfuß (1892–1934) proklamierte am 1. Mai 1934 eine autoritär-berufsständische Verfassung. Gegenüber dem nationalsozialistischen Terror, der den Anschluss Österreichs an das Deutsche Reich zum Ziel hatte, blieb er machtlos und wurde bei einem Putschversuch der Nationalsozialisten ermordet.

Schuschnigg: Kurt Edler von Schuschnigg (1897–1977), österreichischer christlich-sozialer Politiker, folgte Dollfuß im Amt des Bundeskanzlers. Auch er konnte dem Druck der Nationalsozialisten nichts entgegensetzen, trat einen Tag vor dem deutschen Einmarsch zurück und blieb nach dem »Anschluss« ans Deutsche Reich bis Kriegsende in nationalsozialistischer Haft.

52,3 **Priorei:** Räumlichkeiten, die dem Klosterleiter zur Verfügung stehen.

53,1 **Gestapo:** Abkürzung für die Geheime Staatspolizei der Nationalsozialisten, die, ausgestattet mit umfangreichen Machtbefugnissen, ohne Rücksicht auf rechtsstaatliche Normen all jene verfolgte, die in den Verdacht kamen, Gegner des politischen Systems zu sein. Neuere Forschungen haben erwiesen, dass die Gestapo-Beamten zu einer lückenlosen Überwachung der Bevölkerung vom Personalstand her überhaupt nicht in der Lage waren;[7] erst die Unterstützung durch Denunzianten und Zuträger aus der Bevölkerung machte – wie in Zweigs Novelle geschildert – ihre Arbeit so effizient.

53,4 f. **am selben Abend, da Schuschnigg seine Abdankung bekanntgab:** Am 11. März um 19 Uhr 30 übertrug der Rundfunk die Abschiedsrede des österreichischen Bundeskanzlers angesichts der drohenden militärischen Intervention: »Der Herr Bundespräsident beauftragt mich, dem österreichischen Volk mitzuteilen, dass wir der Gewalt weichen …«

53,5 f. **einen Tag, ehe Hitler in Wien einzog:** Am 14. März

1938 erreichte die Deutsche Wehrmacht Wien, am 15. März bereiteten begeisterte Volksmassen dem von Linz kommenden Hitler in der österreichischen Hauptstadt einen triumphalen Empfang. Noch bevor deutsche Truppen die Grenze überschritten hatten, war am Morgen des 12. März Heinrich Himmler, Reichsführer SS und Chef der deutschen Polizei, mit mehreren SS-Leuten per Flugzeug in Wien eingetroffen, um die Verhaftung missliebiger Personen zu organisieren: Politiker, Funktionäre, Beamte, Christlichsoziale, Sozialisten, Kommunisten, Monarchisten, Juden. Die Gesamtzahl der Österreicher, die in den ersten Tagen der Herrschaft Hitlers verhaftet wurden, lässt sich nicht genau ermitteln, wird aber auf etwa 50 000 geschätzt.

53,6 **SS-Leuten:** Als Eliteorganisation, die mit weit reichenden Kontrollbefugnissen ausgestattet war und zur Durchsetzung des Führerwillens die Mittel innerstaatlichen Terrors praktizierte, bildete die SS (Abk. für ›Schutzstaffel‹) eine der Machtstützen des Dritten Reichs.

53,12 **deponierten:** (lat.) hinterlegten.

54,10 f. **Ressentiment:** (frz.) tiefe Abneigung, die zumeist auf Vorurteilen beruht.

54,17 **Strohmänner:** Personen, die zur Erledigung eines Auftrags von jemandem vorgeschoben werden, der anonym im Hintergrund bleibt.

55,11 **Baron Rothschild:** Louis Nathanael Rothschild (1882–1955) leitete ab 1911 das Bankhaus seiner Familie, einer der vermögendsten ganz Europas. Gegen Zahlung von 21 Mio. US-$ gestatteten ihm die Nationalsozialisten die Ausreise aus dem besetzten Österreich.

55,15 **Hotel Metropole:** Bau aus der Zeit der Wiener Gründerjahre (Morzinplatz 4), 1873 anlässlich der Weltausstellung eröffnet. Unmittelbar nach dem »Anschluss« Österreichs an das Deutsche Reich im März 1938 wurde das Gebäude von den Nationalsozialisten beschlagnahmt und diente in der Folge als Zentrale der Gestapo, in der u. a. auch Altbundeskanzler Schuschnigg inhaftiert wurde. 1945 durch Fliegerbomben zerstört, wurde das Hotel nicht wieder aufgebaut. Seit 1951 erinnert ein Gedenkstein an die Rolle dieses Gebäudes in der Nazizeit.

56,1 **Pression:** (lat.) Zwang, Nötigung.

56,3 **subtilere:** (lat.) zarte, differenzierte, jede Kleinigkeit berücksichtigende; abgeleitet von lat. *subtilis* ›fein gewebt‹.

56,5 **Isolierung:** Abschließung gegen die Außenwelt, Absonderung.

56,11 **hermetisch:** (griech.) gegen jegliches Ein- und Ausdringen gesichert, dicht verschlossen.

59,24 **Steenookerzeel:** eigtl. Steenokkerzeel, östlich von Brüssel gelegen.

61,7 **Tortur:** (lat.) Folter, Marter.

62,16 **Homer:** griechischer Dichter des 9. vorchristlichen Jahrhunderts, dem die beiden großen Epen *Ilias* und *Odyssee* zugeschrieben werden.

63,5 **artikuliert:** (lat.) ausgesprochen, zum Ausdruck gebracht.

63,25 **hypnotisiert:** (griech.) willenlos gemacht.

63,26 **protokollierend:** (griech.) schriftlich festhaltend.

66,1 **Inquisitoren:** (lat.) Richter bei Prozessen gegen Ketzer.

70,8 f. **simulieren:** (lat.) vortäuschen, nachahmen.

71,12 **Schachrepetitorium:** Wiederholungs- und Übungsbuch für Schachspieler.

71,17 **Nonsens:** (lat.) Unsinn.

72,1 **Schemata:** Plural von ›Schema‹: (griech.) anschauliche Darstellung.
72,4 **Algebra:** aus dem Arabischen stammende Bezeichnung für die Lehre von der Auflösung von Gleichungen.
72,23 f. **zurechtzumodeln:** nach eigenen Vorstellungen zu gestalten.
73,20 **visuellen:** (lat./frz.) mit dem Auge wahrgenommenen.
73,21 **plastischen:** greifbar hervortretenden, anschaulichen.
73,23 **projiziert:** (lat.) hier: übertragen.
73,26 **Partitur:** (ital.) Aufzeichnung eines Vokal- oder Instrumentalsatzes in Notenschrift, in der die gleichzeitig verlaufenden Stimmen übereinander angeordnet sind.
74,12 **Monotonie:** (lat.) Eintönigkeit.
74,18 **Gallert:** durchsichtige, puddingartige Masse aus eingedickten tierischen und pflanzlichen Substanzen.
74,24 **Agilität:** (lat.) Beweglichkeit, Regsamkeit.
75,6 **Ripostierens:** (lat./ital.) des Durchführens eines sofortigen Gegenstoßes nach der erfolgreichen Abwehr eines Angriffs.
75,16 **Exerzitien:** (lat.) Übungen.
75,21 **konziser:** (lat.) bündiger, knapper, gedrängter.
76,9 f. **systematisch:** (griech.) einer durchdachten Ordnung folgend, planmäßig.
76,21 f. **klöppelte sich [...] ab:** spulte sich herunter.
77,13 **Absurdität:** (lat.) Widersinnigkeit.
77,14 **Attraktive:** (frz.) Verlockende.
77,22 **parieren:** (frz.) einen Angriff abwehren.
78,15 **Marasmus:** (griech./neulat.) Kräfteschwund.
79,15 **Exterritorialisierung:** räumliche Auslagerung.
79,24 **imaginären:** nicht wirklichen, nur in der Vorstellung vorhandenen; abgeleitet vom lat. *imago* ›Bild‹.

80,2 **Figuration:** Stellung der Schachfiguren.
80,6 **imaginieren:** (lat./frz.) sich bildlich vorstellen.
80,18 f. **abstrusen:** (lat.) sonderbaren, verworrenen.
80,24 f. **reproduktive:** (lat.) nachschaffende.
80,25 **Rekapitulieren:** (lat.) Wiederholen.
81,2 f. **memoriert:** (lat.) ins Gedächtnis eingeprägt.
81,4 f. **Exercitium mentale:** (lat.) geistige Übung.
81,7 **Pensum:** (lat.) Lehrstoff, Aufgabe, zur Erledigung anstehende Arbeitseinheit.
81,21 **Peripetien:** (griech.) entscheidende Wendepunkte.
82,9 **Schizophrenie:** (griech.) gespaltenes Seelenleben, Verlust der einheitlichen geistigen Persönlichkeit.
82,24 **manische:** (griech.) besessene, tobsüchtige.
83,17 **Matt:** vom persischen Wort *mat* ›hilflos‹, ›verloren‹ abgeleitet; der König wird dabei durch ein Schach bedroht und ist dagegen wehrlos, was die endgültige Niederlage der Partie bedeutet.
83,18 **Rochade:** vom persischen Wort *rokh* ›Turm‹ abgeleitete Bezeichnung für einen unter speziellen Bedingungen erlaubten Doppelzug von König und Turm auf der Grundreihe.
83,21 f. **frenetische:** (frz.) rasende, stürmische.
84,5 **Rösselsprungs:** der Bewegung des Rössels (auch ›Pferd‹ oder ›Springer‹), bestehend aus einem Zug auf ein Feld in gerader, dann in schräger Richtung, wobei eigene oder gegnerische Figuren übersprungen werden können.
88,10 **ekstatischer:** (griech.) rauschhaft verzückter.
90,3 **akute Irritation:** unvermittelt auftretende Reizung.
91,8 **Sensorium:** (lat.) hier: Bewusstsein.
91,19 f. **Hitler hatte seitdem Böhmen besetzt:** Nach der Abtretung der sudetendeutschen Gebiete an das Deutsche Reich im Oktober 1938 erfolgte am 15. und 16. März

1939 der Einmarsch der Truppen Hitlers in die »Rest-Tschechei« und in der Folge die Errichtung des »Reichsprotektorats Böhmen und Mähren«.

91,25 **Formalitäten:** hier: amtliche Vorschriften und Erfordernisse.

91,26 **Weltbürger:** Person, die sich keiner bestimmten Nation zugehörig fühlt und daher über jeglichen übersteigerten Patriotismus erhaben ist.

92,2 **Visum:** (lat.) Sichtvermerk, Erlaubnis zur Aus- oder Einreise.

93,3 **Chiffren:** (frz.) Geheimzeichen.

93,5 f. **beinernen:** eig.: aus Knochen, möglicherweise ist aber Elfenbein gemeint; das wäre ein Widerspruch zu Z. 16 f., in der die Figuren »aus Holz geschnitzt« sind.

93,13 **substantiellen:** (lat.) aus Materie bestehenden.

93,18 f. **zurückmutieren:** zurückverwandeln.

94,5 **Vordringlichkeit:** auffälliges, Aufmerksamkeit erregendes Benehmen.

94,11 f. **improvisierten:** (ital.) ohne Vorbereitungen zustande gekommenen.

95,2 f. **Paroli bieten:** Widerstand entgegensetzen.

95,4 **intrigiert:** hier: fesselt, stark beschäftigt; Anglizismus, abgeleitet von *to intrigue.*

posthume: mit lat. *humare* ›beerdigen‹ volksetymologisch in Verbindung gebrachte Nebenform zum etymologisch korrekten *postum,* einer Ableitung aus dem zu lat. *posterus* ›nachfolgend‹ gehörigen Superlativ *postumus.*

96,17 **obligaten:** (lat.) unentbehrlichen, erforderlichen; abgeleitet vom lat. Grundwort *obligare* ›verbinden‹, ›verpflichten‹.

96,18 **Homo obscurissimus:** (lat.) ein sehr undurchsichtiger, verschlossener Mensch.

96,20 **unkompetente:** nicht sachkundige, unmaßgebliche.
96,21 **Annalen:** (lat.) Geschichtsbücher, in denen die Ereignisse chronologisch aufgezeichnet werden.
96,23 **Klavierimprovisationen:** aus dem Stegreif dargebotene Klaviermusik.
97,1 **passioniert:** (frz.) leidenschaftlich.
97,3 f. **Habitus:** (lat.) Erscheinungsbild, Aussehen.
97,13 **Dilettant:** Der aus dem Italienischen entlehnte Begriff bezeichnet ursprünglich einen Kunstliebhaber; seine Bedeutung verschlechterte sich aber im Lauf der Zeit in Richtung ›Stümper‹, ›Nichtskönner‹.
98,1 **Vorhand:** Anglizismus, abgeleitet von *forehand* ›Vorteil‹, ›überlegene Position‹.
99,10 **rapid:** (lat./frz.) sehr schnell.
101,24 **intakt:** (lat.) unversehrt.
102,11 **kapituliert:** (frz.) aufgegeben.
102,14 f. **die Fahne gestrichen:** aus der Sprache der Kriegsmarine stammende Redensart für ›aufgegeben‹, ›eine Niederlage eingestanden‹. Das Einholen der Flagge auf einem Schiff zeigte dem Gegner an, dass man bereit war sich zu ergeben.
102,19 **Ignotus:** (lat.) Unbekannter.
103,15 **Exaltiertheit:** Aufregung, Überreizung.
105,9 **Symptome:** (griech.) Anzeichen.
anomalen: (griech.) von einem Regelzustand in meist krankhafter oder fehlerhafter Form abweichenden.
106,20 **Intervall:** (lat.) Zeitspanne, Pause.
109,6 **»Remember!«:** (engl.) »Erinnern Sie sich!«
110,1 **Blamage:** (frz.) peinliche, beschämende Bloßstellung.
110,11 **»Damned fool!«:** (engl.) »Verdammter Narr!«
110,17 **disponiert:** (lat.) angelegt.

6. Interpretation

Faszination des Schachspiels

Wohl kein anderes Gesellschaftsspiel ist so häufig Gegenstand der Weltliteratur geworden wie Schach. Mit *Anastasia und das Schachspiel* (1803) schuf Wilhelm Heinse den ersten deutschsprachigen Schachroman, eher eine gelehrte Studie in Form eines Briefwechsels. Doch schon im Mittelalter hatte das Schachspiel Schriftsteller in seinen Bann gezogen, etwa in Gestalt allegorischer Lehrdichtungen, so genannter »Schachzabelbücher«, die soziale und moralische Fragen anhand der verschiedenen Spielfiguren erörterten.

Frühe Literatur über Schach

Die dem Schachspiel innewohnende dämonische Macht, die Menschen an die Grenze des Wahnsinns treiben kann, hatte vor Zweig bereits Vladimir Nabokov in *The Defense* (1930; dt. *Lushins Verteidigung*) literarisch behandelt. Um Spieler, die nicht *vor* dem, sondern *auf* dem Spielbrett agieren, geht es in Lewis Carrolls *Through the Looking-Glass* (1872), der Fortsetzung zu *Alice in Wonderland*, in der sich die Heldin als Schachfigur wiederfindet. In der Erzählung *All the King's Horses* (1951) von Kurt Vonnegut entfaltet sich die Handlung ebenfalls parallel zu einer Schachpartie: Ein sadistischer kommunistischer Diktator zwingt 16 Amerikaner, die nach einem Flugzeugabsturz in seine Gewalt gekommen sind, als menschliche Schachfiguren um ihr Leben zu spielen – wird eine Figur geschlagen, so wird der Betreffende hingerichtet.

Schachprosa im 19. und 20. Jh.

Das Buch, welches im deutschen Sprachraum als Klassiker fiktionaler Schachliteratur gelten kann, ist zweifellos Stefan Zweigs *Schachnovelle* – vor allem ihrer Vielschichtigkeit wegen. Denn nicht nur Aspekte des Spiels kommen darin zur Sprache, die Erzählung wirft auch psychologische und politische Fragestellungen auf. Eine neuere Lesart sieht in der Darstellung des seelenlosen, mechanischen Spiels von Czentovic gar eine Warnung vor der kalten, menschenfeindlichen Technologie des anbrechenden Computerzeitalters.[8]

Schachnovelle als Klassiker

Schon die kurze Beschreibung des Spiels, die der Erzähler am Anfang der Novelle gibt (21 ff.), macht klar: Schach ist mehr als ein Spiel. Faszinierend ist es vor allem deswegen, weil es in paradoxer Weise krasse Gegensätze in sich vereint. Es ist sowohl Wissenschaft als auch Kunst – einerseits basiert es auf einem begrenzten logischen Regelwerk, auf der anderen Seite erlaubt es die unendliche Entfaltung der Phantasie. Dr. B. nennt das Schachspiel eine Tätigkeit, die sinnlos und zwecklos ist (vgl. 74), Denken um des Denkens willen, Gedächtnistraining oder metaphysische Selbsterfahrung. Der Faszination dieses Phänomens war sich schon der junge Zweig bewusst: »Ebenso verächtlich, wie unseren Körper zu trainieren, schien es uns, Zeit mit Spiel zu vergeuden; einzig das Schach fand einige Gnade vor unseren Augen, weil es geistige Anstrengung erforderte […].«[9]

Wesen des Schachspiels

Bereits eingangs nimmt der Erzähler die in sich gegensätzliche Bedeutung vorweg, die das Schachspiel für Dr. B. hat. Nachdem Dr. B. das Schachbuch heimlich hat mitgehen lassen, genießt er die Schönheit der Partien als Außenstehender, quasi als Zuschauer – da ist Schach noch

Bedeutung für Dr. B.

wie Nahrung für einen Geist, der zu verkümmern droht. Zum Gift, das diesen Geist ausschließlich in Beschlag nimmt, wird das Spiel in jenem Moment, als Dr. B. sich entschließt, gegen sich selbst zu spielen. Damit verstößt er gegen die Grundanlage des Spiels, die auch äußerlich – sichtbar gemacht im Schwarz und Weiß der Felder und Figuren – auf Gegensätzlichkeit aufgebaut ist: »Das Attraktive des Schachs beruht doch im Grunde einzig darin, daß sich seine Strategie in zwei verschiedenen Gehirnen verschieden entwickelt« (77). Die Folge ist, daß sich diese notwendige, dem Spiel eingeschriebene Trennlinie ins Bewusstsein von Dr. B. verlagert, als eine »künstliche Schizophrenie« (82), die eine »Spaltung in ein Ich Schwarz und in ein Ich Weiß« (78) verursacht.

Dämonie

Es scheint, als ob das Schachspiel über eine Macht verfügt, die die Macht des Menschen übersteigt. Von dieser Macht geht eine unheimliche, unbestimmte Wirkung aus, gegen die Widerstand zu leisten zwecklos ist – wie bei einem Dämon. Zu dieser Dämonie des Schachspiels gehört auch die Besessenheit, in die Dr. B. schließlich verfällt – zunächst Spielfreude, dann Spiellust, in der Folge Spielzwang und Spielwut (vgl. 83). Sein Duell mit Czentovic entfesselt schließlich einen Dämon, der nur scheinbar gebannt war.

Gerade darin liegt aber ein weiterer innerer Gegensatz des Schachspiels: Zwar beruht es auf klaren Regeln, die der Logik des Verstandes gehorchen; der Verstand, der es beherrschen möchte, kann aber in Gefahr geraten, davon infiziert und bis zur Auflösung getrieben zu werden.

Czentovic und Hitler

Ist für Czentovic in der realen Welt irgendein Vorbild auszumachen, das Zweig in seiner Gestaltung inspiriert hat? Ob es Miguel Naidorf war, ein polnischer Großmeister, der nach 1939 in Argentinien lebte, oder der aus Innsbruck stammende Erich Eliskades, der ebenfalls nach Ausbruch des Weltkriegs in Argentinien blieb, oder ob es sich um eine reine Kunstfigur handelt, wird wohl ein Geheimnis bleiben. Dass ein schlichtes Gemüt mit genialem Schachspiel durchaus vereinbar ist, zeigt die Person des indischen Analphabeten Mir Malik Sultan Khan, der seinen Herrn als Diener 1928 nach Europa begleitete, wo er sich mit seinem rein intuitiven Schachspiel gegen die Größen seiner Zeit hervorragend behauptete.

Reale Vorbilder für Czentovic

Oder muss man das Gegenstück zu Czentovic ganz woanders suchen, nämlich auf der zeitgenössischen politischen Bühne? Hanspeter Brode hat in einem Aufsatz auffällige Parallelen zwischen Zweigs Schachmeister und Adolf Hitler festgestellt.[10] Beide stammen aus der Provinz – Hitler, der »Randösterreicher«[11], aus der oberösterreichischen Grenzregion, Czentovic aus einer nicht näher genannten Balkangegend innerhalb der Monarchie. Beide kommen aus einfachen Verhältnissen, beide müssen den frühen Verlust des Vaters hinnehmen, beide scheitern in der Schule. Sowohl Czentovic als auch Hitler weisen eine »einseitige sonderbare Begabung« (12) auf: der eine als zäher Arbeiter im Schachspiel, der andere als Rednertalent. Bei beiden handelt es sich um Außenseiter, die später Weltkarriere machen, denen eine weltmännische Erscheinung aber trotzdem abgeht. Plumpe

Gemeinsamkeiten mit Hitler

Manieren legen in beiden Fällen nur allzu deutlich die schlichte Herkunft zutage. »Seine Unbildung war auf allen Gebieten gleich universell« (9), heißt es von Czentovic, und auch Hitler vermochte seine Umgebung eher durch ein Gedächtnis zu beeindrucken, das Angelesenes gut speichern konnte, als durch ein systematisch erworbenes Allgemeinwissen.

Unterschiede zu Hitler

Gerade in diesem Punkt unterscheiden sich die beiden aber auch: Czentovic kann das Schachbrett nicht »in den unbegrenzten Raum der Phantasie« (15) stellen, braucht es immer anschaulich vor sich – eine Fähigkeit, über die Dr. B. sehr wohl verfügt, wenn ihn seine Vorstellungskraft in die Rollen unterschiedlicher Spielpartner schlüpfen lässt. Inwiefern ein solch totaler Mangel an Imagination bei einem Schachweltmeister glaubwürdig ist, sei dahingestellt; eher liegt hier ein etwas realitätsfernes Eingeständnis des Verfassers an die Dramaturgie der Novelle vor. Ein Spieler vom Kaliber Czentovic', der nicht über die Fähigkeit zum Blindspiel verfügt, ist kaum denkbar.

Hitler als Eidetiker

Hitler hingegen war eine besonders ausgeprägte Vorstellungskraft gegeben, die landläufig als ›fotografisches Gedächtnis‹ bezeichnet wird. Souverän beeindruckte der Diktator seine Umgebung immer wieder mit der Zurschaustellung phänomenaler Gedächtnisleistungen, was das Memorieren von noch so nebensächlichen Zahlen, Daten oder Details betraf.[12] Psychologen sprechen bei derart veranlagten Menschen von Eidetikern: Diese Fähigkeit tritt selten in früher Kindheit auf und lässt sich ebenso selten ins Erwachsenenalter retten. Eidetiker neigen zur Gefühlskälte und zur Unnahbarkeit – zwei Eigenschaften, die Zweig wiederum für die Charakterisierung des ganz und gar nicht eidetisch veranlagten Czentovic verwendet hat.

Ein direkter Hinweis auf Hitler, der im Typoskript auftaucht, wurde in der Buchausgabe getilgt: Äußert sich der Erzähler ursprünglich bitter über »die mir von Hitler verbotene deutsche Sprache«, so heißt es jetzt bloß »die deutsche Sprache« (25). Eigens hebt Zweig an dieser Stelle die Rolle Hitlers als Kulturbarbaren hervor, bei dem die Verfügungsgewalt über die Muttersprache stellvertretend steht für die Verfügungsgewalt über die Menschen. Wenn sich Menschsein unter anderem über die Sprache definiert und der Umgang mit den Menschen über den Umgang mit der Sprache, so ist Czentovic – »ein schwerer, maulfauler Bauernbursche, aus dem auch nur ein einziges publizistisch brauchbares Wort herauszulocken selbst dem gerissensten Journalisten nie gelang« (16 f.) – ein kulturloses Wesen. Wer – wie Hitler – die Sprache zum Objekt autoritären Handelns macht und sie anderen verweigert, wer – wie Czentovic – sich selbst ihr verweigert, der steht außerhalb der Gruppe jener Kulturmenschen, wie sie vom Erzähler oder Dr. B. repräsentiert werden, jeder von ihnen ein zweites Ich des Verfassers. Czentovic und Hitler – beide repräsentieren das Stärkere, Übermächtige, die Gewalt, die dem Gegner keine Chance lässt.

Kulturlosigkeit

Die Sprachlosigkeit des Schachweltmeisters bewirkt, dass diese Figur nur von außen gesehen werden kann: aus den Erinnerungen des Erzählers, die sich zu einem anekdotisch getönten biographischen Überblick zusammensetzen, und aus der Beschreibung seines wenig vereinnahmenden Gehabes. Czentovic bleibt ein unzugänglicher Sonderling, der keine Ein-

Fremdheit

blicke in sein Gefühlsleben gestattet, dem der Leser ebenso wenig näher kommt wie dies die Passagiere tun, so wie sich auch Hitler mit dem Nimbus der Unnahbarkeit ausstattete. Anders Dr. B.: Er legt bereitwillig sein Inneres offen und löst für etwa die Hälfte der Novelle den Ich-Erzähler ab.

Sprache als Abbild der Isolationshaft

Dr. B. erlebt in seiner Zelle einen Tag wie den anderen, ohne Möglichkeit, diesen Kreislauf des ewig Gleichen zu unterbrechen. Die Monotonie bringt die Gedanken dazu, dass sie »zu rotieren und sinnlos um sich selbst zu kreisen« (57) beginnen.

Stilfiguren

Um diesen geistigen Leerlauf sprachlich zu veranschaulichen, wird in der Erzählung Dr. B.s über die Zeit seiner Gefangenschaft häufig das rhetorische Mittel der Wiederholung eingesetzt, und zwar in verschiedenen Varianten:

- als **Anapher**, d.h. als gleichlautender Beginn verschiedener Sätze: »Ich überlegte, ich durchdachte, ich durchforschte, ich überprüfte meine Aussage auf jedes Wort, das ich dem Untersuchungsrichter gesagt, ich rekapitulierte jede Frage, die sie gestellt, jede Antwort, die ich gegeben, ich versuchte zu erwägen, was sie davon protokolliert haben könnten, und wußte doch, daß ich das nie errechnen und erfahren könnte« (60). Dass in diesem Beispiel die einzelnen Abschnitte nicht durch Punkte, sondern durch Kommata voneinander getrennt sind, verstärkt den drängenden Redefluss.
- als **Epizeuxis**, d.h. als drei- oder mehrfache Wiederho-

lung: »Man wartete, wartete, wartete, man dachte, man dachte, man dachte, bis einem die Schläfen schmerzten. Nichts geschah. Man blieb allein. Allein. Allein« (58).

- als **Diaphora**; dabei wird ein Wort in einem anderen Zusammenhang mit unterschiedlicher Bedeutung und manchmal auch mit größerem Nachdruck wieder aufgenommen: »Vielleicht gelingt es, und du kannst dir's [das Buch] in der Zelle verstecken und dann lesen, lesen, endlich wieder einmal lesen!« (68).

Kargheit der Sprache

Die Wortwiederholungen des Dr. B. sind Abbild sowohl seiner Verzweiflung als auch des psychischen Drucks, der auf ihm lastet. In hypnotischer Eintönigkeit nimmt die Sprache immer wieder dieselben Begriffe auf – allerdings gestaltet Zweig diesen Sprachnotstand rhetorisch sehr kalkuliert.

Um zu schildern, was ihn in seiner Gefangenschaft umgibt, bedarf es keines ausgefeilten Vokabulars: »Tisch, Tür, Bett, Waschschüssel, Sessel, Fenster und Wand« (58), dazu eine Tapete mit gezacktem Muster: Die Grenzen von Dr. B.s Welt sind auch diejenigen seiner Sprache. Immer wieder tauchen diese Requisiten in seiner Beschreibung auf, als Fixpunkte einer kaum erträglichen Enge und Beschränktheit.

Günter Eich, Inventur

Von einer ähnlichen Erfahrung, gestaltet mit ähnlichen sprachlichen Mitteln, berichtet eines der berühmtesten Gedichte der unmittelbaren Nachkriegszeit: *Inventur* von Günter Eich, 1945/46 – also etwa drei Jahre nach der *Schachnovelle* – in einem amerikanischen Kriegsgefangenenlager entstanden:

Dies ist meine Mütze,
dies ist mein Mantel,
hier mein Rasierzeug
im Beutel aus Leinen.

Konservenbüchse:
Mein Teller, mein Becher,
ich hab in das Weißblech
den Namen geritzt.

So beginnen die ersten beiden Strophen des insgesamt siebenstrophigen Gedichts. Ein Kriegsgefangener geht an die Bestandsaufnahme seiner kümmerlichen Habseligkeiten heran, die für ihn aber eine besondere, sehr persönliche Bedeutung gewonnen haben. Der Häftling tut dies in einer Sprache, die frei ist von Metaphern und Symbolen, die das meint, was sie sagt – schlicht, wie im Tonfall von Kinderlesebüchern:

Dies ist mein Notizbuch,
dies meine Zeltbahn,
dies ist mein Handtuch,
dies ist mein Zwirn.

Beengte Welt

Beide Gefangene, bei Zweig und bei Eich, leben in einer reduzierten Welt, die auch die Sprache auf ein Minimum reduziert. Sobald Dr. B. die psychischen Torturen, die ihm angetan worden sind, nochmals durchlebt, erscheint auch seine Sprache ausgelaugt und unfähig, aus einem engen, verkümmerten Wortschatz auszubrechen.

Reduktion der Sprache

So haben der Kulturmensch Dr. B. und sein Gegenspieler Czentovic wenigstens kurzfristig etwas gemeinsam: die Reduktion der Sprache auf ein Minimum, als Ausdruck einer Weltverweigerung, die für jeden der beiden jedoch etwas anderes bedeutet: Czentovic verweigert *sich selbst* durch sein arrogantes Gehabe und aus freien Stücken der Welt; Dr. B. hingegen *wird* sie während seiner Haft verweigert.

Pessimistisches oder optimistisches Ende?

Zweigs *Schachnovelle* findet einen abrupten Schluss. Dr. B.s Verhalten und seine Worte müssen für alle unverständlich bleiben, die in die Umstände seiner Lebensgeschichte nicht eingeweiht sind – nur der Erzähler und natürlich der Leser wissen darüber Bescheid. Auf wunderbare Weise, in der »etwas fast Übernatürliches« (38) mitschwingt, ist Dr. B. in die Erzählung getreten, »wie ein unvermuteter Engel rettend vom Himmel« (38). Ähnlich gestaltet sich sein Abgang: Wie in einem magischen Akt wird Dr. B. vom Erzähler aus seiner Trance zurückgeholt, mit einer Art Zauberwort, das aus einer Sprache stammt, die beiden fremd ist (»Remember!«), unterstützt von einer Bewegung über die Hand (vgl. 109) – und Dr. B. erscheint wie verwandelt.

Plötzliches Ende

Der Erzähler berichtet über das Ende der Geschichte ohne Wertung und Stellungnahme, geht sichtlich auf Distanz. Er liefert eine Außensicht auf das Geschehen, aber keinen Kommentar, und er enthält sich jeder moralisierenden Stellungnahme. »Nur ich wußte, warum dieser Mann nie mehr ein Schachbrett berühren würde« (110) – das ist der einzige Einblick in das Denken des Er-

Distanz des Erzählers

zählers, der dem Leser gewährt wird, ohne dass er dabei Überraschendes geboten bekommt.

Durch den Rückzug des wertenden Erzählers bleibt das Ende der Geschichte in einer eigenartigen Schwebe. Was soll man sich darüber denken? Ist es ein pessimistischer Schluss? Oder beinhaltet er doch noch einen Funken Hoffnung? Das sind Fragen, die für die Bewertung der Novelle als Ganzes nicht unmaßgeblich sind.

Pessimistischer Schluss

Befürworter der pessimistischen Lesart sehen im Ende die Niederlage der Kultur gegen die stumpfe Aggression widergespiegelt – so wie Europa der Barbarei des Nationalsozialismus unterlegen ist. Man darf nicht vergessen, dass die *Schachnovelle* zu einer Zeit entstand, als der Sieg der Alliierten in weiter Ferne und noch keineswegs eine klare Angelegenheit war. So entwickelt Zweig eine letztlich hoffnungslose Perspektive auf die Verhältnisse in Deutschland, Österreich und in den von den Nationalsozialisten besetzten Gebieten, auch auf die Situation des Exils: Widerstand ist zwecklos; die Gewalt, die die Schwächen des Gegners rücksichtslos ausnutzt, hat das letzte Wort.

Dr. B. als tragische Figur

Auch die persönliche Tragödie des Dr. B. scheint einer pessimistischen Deutung Vorschub zu leisten. Das Duell mit Czentovic hat gezeigt, dass der psychische Druck der Haft bei ihm dauerhafte Spuren hinterlassen hat. Dr. B. ist im Grunde genommen ein von den Nazis gebrochener Mann. Der Umstand, dass sein sonderbares Verhalten während der Schachpartie nur vorübergehend war und er wieder in sein normales Verhalten zurückfindet, wirkt nur halbwegs versöhnlich. Das Schachbrett markiert für ihn die Grenze zwischen Normalität und Wahnsinn; sein Scheitern zeigt, dass eine Rückkehr in ein geregeltes Leben (noch) nicht möglich wäre. Wird für Dr. B. eine normale Existenz überhaupt denkbar sein? Oder bleibt er für immer ein psychisch Gebrochener? Die Novelle gibt darauf keine Antwort.

Optimistischer Schluss

Aber vielleicht ist das Ende auch gar nicht so hoffnungslos, wie es den Anschein haben mag. Immerhin: Dr. B. hat das Unfassbare geleistet und dem übermächtigen Gegner nicht nur ein Remis abtrotzen, sondern sogar erfolgreich Paroli bieten können. Und trotz seiner Niederlage am Ende bleibt er für den Leser der weitaus sympathischere der beiden Gegenspieler und – was noch mehr zählt – der moralische Sieger. »In meinen Novellen ist es immer der dem Schicksal Unterliegende, der mich anzieht […]«[13], schreibt Zweig in seiner Autobiographie. Um den Preis seines seelischen Gleichgewichts hat er dem Druck von Hitlers Schergen nicht nachgegeben, und angesichts der Tatsache, dass der Schachweltmeister die letzte Partie hauptsächlich durch den Einsatz unsportlicher Psychotricks für sich hat entscheiden können, erscheint dieser Sieg in doch recht zweifelhaftem Licht. Fazit der optimistischen Lesart: Widerstand ist doch nicht so zwecklos; und selbst wenn er im Endeffekt scheitert, muss er nicht sinnlos sein, sondern kann Zeichen setzen: »So wie Czentovic überwunden werden kann, so wird eines Tages Hitler besiegt – eine utopische Hoffnung, deren Verwirklichung abzuwarten die körperliche und seelische Kraft Stefan Zweigs überstieg.«[14]

7. Autor und Zeit

Kurzbiographie

1881 Geburt am 28. November in Wien.
1904 Abschluss des Philologie-Studiums an der Wiener Universität.
1914 Ausbruch des Ersten Weltkriegs; Dienstantritt im k. u. k. Kriegsarchiv.
1916/17 Kauf des »Paschinger-Schlössls« auf dem Salzburger Kapuzinerberg.
1920 Eheschließung mit Friderike Maria von Winternitz.
1934 Plan, Österreich wegen der politischen Radikalisierung zu verlassen.
1936 Übersiedlung nach London.
1939 Lotte Altmann wird Zweigs zweite Frau.
1940 Amerikareise und endgültiger Abschied von Europa.
1942 Freitod zusammen mit seiner Frau am 21. Februar in Petrópolis (Brasilien).

Herkunft

Stefan Zweig entstammte dem jüdischen Großbürgertum Wiens. Sein Vater war Unternehmer, seine Mutter kam aus einer Bankiersfamlie. Das Gymnasium, das er 1900 abschloss, empfand er als Zwangsanstalt. Seine Mitschüler prägten ihn mehr als die gleichgültigen Lehrer: »Daß ich zufällig in einen Jahrgang für die Kunst fanatisierter Kameraden geriet, ist vielleicht für meinen ganzen Lebensweg entscheidend gewesen«,[15] schrieb er Jahrzehnte später in seiner erst nach seinem Tod veröffentlichten Autobiographie *Die Welt von Gestern.*

Für jemanden, mit Freude an Kunst und Kultur, bot die Musik- und Theaterstadt Wien unendliche Möglichkeiten und Anregungen. Angesteckt von seiner Begeisterung für die moderne Literatur, entdeckte Zweig sein Schreibtalent. 1901 sah der junge Mann erstmals seinen Namen gedruckt auf dem Titelblatt eines Buches, der Lyriksammlung *Silberne Saiten*. 1902 wurde er Mitarbeiter der angesehenen *Neuen Freien Presse* und profilierte sich dort als technisch versierter Schreiber publikumswirksamer Artikel. Zwei Jahre später erlangte er mit einer Dissertation über den französischen Kulturphilosophen Hippolyte Taine die Doktorwürde an der Universität Wien.

Kulturstadt Wien

1908 lernte Zweig seine spätere Frau Friderike Maria von Winternitz kennen, eine um ein Jahr jüngere Literaturlehrerin, verheiratet und Mutter zweier Töchter. Die Beziehung vertiefte sich, als sie sich 1912 wiederbegegneten. Erst nach der Trennung Friderikes von ihrem Mann und der Änderung der Gesetzeslage im Österreich der Nachkriegszeit, die die neuerliche Eheschließung Geschiedener erlaubte, konnten die beiden 1920 im Wiener Rathaus heiraten.

Friderike Maria von Winternitz

1914 brach der Erste Weltkrieg aus, doch Zweig blieb der Einsatz bei der kämpfenden Truppe erspart. Stattdessen leistete er sechs Stunden täglich Dienst im Archiv des Kriegsministeriums, wo er zusammen mit anderen Literaten wie Franz Theodor Csokor oder Rainer Maria Rilke an der propagandistischen Aufbereitung trockener Militärberichte arbeitete.

Erster Weltkrieg

Zweigs Verhältnis zum Krieg war anfangs zwiespältig. Der Privatmann zeigte sich vom Grauen erschüttert und von üblen Vorahnungen geplagt, der Journalist hingegen

Stefan Zweig

schlug in der Öffentlichkeit national-chauvinistische Töne an. Das änderte sich zunächst auch nicht, als Zweig auf einer Dienstreise das unvorstellbare Kriegselend an der galizischen Front aus der Nähe erlebte. Allerdings wandelte sich seine Einstellung noch während des Kriegs in die eines konsequenten Pazifisten.

Reisen

Auf zahlreichen Reisen, die ihn quer durch Europa, aber auch in entferntere Gegenden wie Nordafrika, Indien, die USA oder Südamerika führten, schloss Zweig Bekanntschaft mit literarischen Größen seiner Zeit. In Belgien lernte er Émile Verhaeren kennen, in der Schweiz den französischen Schriftsteller Romain Rolland.

Salzburg

1919 bezogen Zweig und Friderike das Paschinger-Schlössl, ein Haus auf dem Salzburger Kapuzinerberg mit prachtvoller Aussicht. Diese Stadt hatte der Kosmopolit Zweig nicht nur wegen ihrer Schönheit als neues Zuhause gewählt, sondern auch wegen ihrer Lage im Zentrum Europas – »ein richtiger Abstoßpunkt«[16]. Das ehemalige Jagdschlösschen wurde bald zu einem Magnet für prominente Gäste aus aller Welt, darunter Hugo von Hofmannsthal, Thomas Mann und Arthur Schnitzler, James Joyce und H. G. Wells, Bela Bartók, Richard Strauss und Maurice Ravel.

Autographensammlung

Zu diesem aufwändigen Lebensstil passte ein aufwändiges Hobby, nämlich das Sammeln von Manuskripten. Schon als Gymnasiast hatte Zweig damit begonnen, und im Laufe der Jahre kamen zahlreiche Schätze dazu, darunter Originale von Brahms, Schubert, Beethoven und Mozart sowie das *Mailied* von Goethe, dessen Kielfeder der Autor unter Glas aufbewahrt hielt. Ständiger Reisebegleiter

Zweigs war eine Dutzende Male überarbeitete Druckfahne Balzacs, der für seine unübersichtlichen Korrekturen bei den Setzern gefürchtet war. Zweig führte dieses Blatt als Mahnung mit sich, immer auf die sorgfältige Druckgestaltung seiner Werke zu achten.

Finanzielle Verhältnisse

Woher kam das Geld für diese kostspielige Lebensführung? Der Millionärssohn Zweig entwickelte sich in den zwanziger Jahren zu einem äußerst erfolgreichen Schriftsteller, dessen Ansehen auch im Ausland sehr groß war. 1927 erschien in der Sowjetunion eine zehnbändige Gesamtausgabe in Übersetzung, und noch zu Zweigs Lebzeiten wurden einige seiner Bücher verfilmt, darunter *Angst* (Frankreich 1936), *Brennendes Geheimnis* und *Marie Antoinette* (beide USA 1938).

Stimmen der Kritik

Viele seiner Schriftstellerkollegen sahen Zweig mit weitaus kritischeren Augen als seine Lesergemeinde. Einer davon war Karl Kraus, der in seiner *Fackel* bissig kommentierte: »Als Novellist großen Formats hat er [Stefan Zweig] sich alle Sprachen der Erde erobert. Bis auf eine.«[17] Aber auch andere kritisierten Zweig als zweitklassigen Autor, der in erster Linie den Beifall der großen Masse im Sinn hätte.

Hitler wird Reichskanzler

Als Hitler 1933 Reichskanzler in Deutschland wurde, veränderten sich die Dinge grundlegend – auch für den Österreicher Zweig. Die Bücher des Pazifisten und Juden wurden zusammen mit denen anderer Andersdenkender von den neuen Machthabern verbrannt. 1936 durften Zweigs Werke in Deutschland nicht mehr verkauft werden, und mit dem Einmarsch der Nationalsozialisten in Österreich 1938 verschwand auch dieser kleine Absatzmarkt.

Zu diesem Zeitpunkt hatte Zweig seiner Heimat bereits den Rücken gekehrt. Im Zuge der bewaffneten Auseinandersetzungen zwischen der Heimwehr und dem sozialistischen Schutzbund war Zweigs Salzburger Haus 1934 nach Waffen durchsucht worden – für den Dichter ein unerhört demütigender Skandal. Trotzdem hielt er sich aus der politischen Diskussion heraus und nahm gegen den Austrofaschismus nie öffentlich Stellung – eine Haltung, die ihm speziell von sozialdemokratischer Seite verübelt wurde. Erfüllt von der Ahnung einer kommenden Katastrophe, erwog Zweig die Übersiedlung nach England. 1936 ließ er sich in London nieder, drei Jahre später in Bath. 1940 wurde er britischer Staatsbürger. Auch sonst ging es in diesen Jahren in seinem Leben turbulent zu: Er verliebte sich in seine Sekretärin Lotte Altmann, die von seiner Frau 1934 eingestellt worden war, ließ sich 1938 von Friderike scheiden und ging ein Jahr später eine neue Ehe ein.

Exil

1940 brachen die Zweigs an Bord eines Passagierdampfers zu einer Vortragsreise in die USA auf. Die Alte Welt sollten sie nie wieder sehen. Nachdem das Paar eine Zeit lang an der Ostküste gelebt hatte, bezog es 1941 einen Bungalow im brasilianischen Höhenkurort Petrópolis. Am 21. Februar des folgenden Jahres schieden er und Lotte mit einer Überdosis Veronal aus dem Leben. Sechs Jahre zuvor hatte man Zweig als den berühmtesten lebenden Schriftsteller Österreichs wie einen Staatsmann empfangen, und wie einen Staatsmann beerdigte man ihn jetzt unter Anwesenheit des brasilianischen Präsidenten.

Brasilien

Wie Dr. B. in der *Schachnovelle* sah sich auch Stefan Zweig in einen aussichtslosen Kampf verstrickt: mit Hitler und dem Nationalsozialismus. Zweigs Abschiedsbrief verrät über den Grund seines Selbstmords wenig Erhellendes. War es der Zusammenbruch unter der Last gewaltsam veränderter Lebensumstände? Zweig war anfällig für Depressionen und von Lebensangst gezeichnet. An Friderike schrieb er einige Tage vor seinem Tod: »Es wird keine Rückkehr zu den Dingen von ehedem geben, und was uns erwartet, wird uns niemals mehr bieten können als jene früheren Zeiten.«[18] Oder war es die Verzweiflung über das Scheitern seines Lebenswerks, die ihn in den Tod trieb? Als Weltbürger, der Friede und Aussöhnung vorgelebt hatte, musste er mit ansehen, wie Millionen im Krieg zugrunde gingen. Oder tat Zweig den letzten Schritt im Bewusstsein der Scham, der Gewalt – anders als sein Dr. B. – nur ungenügend die Stirn geboten zu haben?

Selbstmord

Die Reaktion der Zeitgenossen war zwiespältig. Unter die Erschütterung und die Betroffenheit mischten sich auch Misstöne. Thomas Mann nannte in seinem Tagebuch Zweigs Tod »albern, schwächlich und schimpflich«[19], und ebenso überkam Friedrich Torberg »ein Gefühl des Ärgerns und des Übelnehmens«[20].

Reaktionen

Zweig hielt sich selbst für »keine polemische Natur«[21] und zeigte sich unwillig, öffentlich gegen die Nazis zu trommeln. So schien für eine Reihe seiner Zeitgenossen seine Flucht in den Tod die Fortsetzung seiner Flucht aus Europa zu sein – und damit die persönliche Niederlage gegen Hitler endgültig zu besiegeln.

Werke

Die Bücher von Stefan Zweig trafen den Nerv des Publikums. Es bestand in erster Linie aus Lesern, die den kultivierten Tonfall seiner Werke schätzten und die Sinn hatten für eine psychologisch sorgfältig gezeichnete Erzählprosa, in der es in erster Linie um die Dramatik zwischenmenschlicher Beziehungen und Leidenschaften ging. Auch seine Darstellungen historischer Persönlichkeiten und Ereignisse konnten den Romancier nicht verleugnen. Inhaltlich stellte Zweig die Welt des Bürgertums nicht in Frage, sprachlich blieb er konservativ. Neue Töne, wie sie seine Zeitgenossen Döblin, Joyce, Kafka, Musil oder Proust in ihren Romanen und Erzählungen anschlugen, blieben ihm fremd. Auch als Leser bevorzugte Zweig das Bewährte – »nur gute alte Lektüre, *erprobte* Bücher«[22] wollte er später im Exil lesen.

Erfolgsautor

Zwar begründete Zweig seinen literarischen Ruf in erster Linie als Erzähler, doch befasste er sich besonders am Beginn seiner schriftstellerischen Karriere mit Lyrik (*Silberne Saiten*, 1901; *Die frühen Kränze*, 1906). Einige seiner Gedichte wurden von so prominenten Komponisten wie Max Reger oder Joseph Marx vertont. Der Dramatiker Zweig fühlte sich dem klassischen Theater sowohl in der Thematik als auch in der Form verpflichtet (*Tersites*, 1907; *Jeremias*, 1918).

Lyrik und Theater

Als der Komponist Richard Strauss nach dem Tode Hugo von Hofmannsthals (1929) einen neuen literarisch arrivierten Textdichter für seine Opern suchte, begann für kurze Zeit eine Zusammenarbeit mit Stefan Zweig, der für ihn nach einer

Opernlibrettist

Komödie des Shakespeare-Zeitgenossen Ben Jonson das Libretto zu *Die schweigsame Frau* verfasste. Die Premiere 1935 in Dresden unter Karl Böhm geriet zu einem politischen Skandal: Auf dem Theaterzettel wurde der Name des jüdischen Textdichters verschwiegen, das Werk nach der vierten Vorstellung abgesetzt und in Deutschland verboten. Strauss, der daraufhin von seinem Amt als Präsident der Reichsmusikkammer zurücktrat, versuchte Zweig zu einer weiteren Zusammenarbeit im Geheimen zu bewegen, doch umsonst: *Die schweigsame Frau* sollte ihr einziges gemeinsames Projekt bleiben.

Von Zweigs zahlreichen Erzählungen seien drei besonders hervorgehoben:

1911 ***Brennendes Geheimnis.*** Während eines Kuraufenthalts will sich ein junger Baron an eine schöne Jüdin heranmachen und nützt die Zuneigung, die deren zwölfjähriger Sohn zu ihm gefasst hat, rücksichtslos als Mittel zum Zweck aus. Mit dieser Erzählung aus dem Novellenband *Erstes Erlebnis* feierte Zweig einen seiner frühen Erfolge, indem er vor Augen führte, wie die Begegnung mit der Erotik der Erwachsenenwelt einen Pubertierenden verstört. Zugleich gestaltet er geschickt ein durch Freud populär gemachtes Thema: die Entdeckung der Sexualität durch ein Kind. 1933 kam eine Verfilmung mit Willi Forst in die Kinos, verschwand aber bald wieder, nachdem am 17. Februar unter bis heute nicht eindeutig geklärten Umständen der Reichstag in Berlin in Flammen aufgegangen war – die Nationalsozialisten, unter vorgehaltener Hand mit der Brandstiftung in Verbindung gebracht, empfanden den doppeldeutig gewordenen Titel wohl als zu heiß.

1920 ***Angst.*** Irene, die Gattin eines Strafverteidigers, wird von einem Unbekannten wegen eines Seitensprungs erpresst und fast zum Selbstmord getrieben. Am Ende stellt sich heraus, dass alles eine Inszenierung des Ehemanns gewesen ist, der vom Betrug seiner Frau gewusst hat und dem es mit dieser Intrige gelingt, dass sie wieder ihr altes, geregeltes Leben schätzen lernt.

1927 ***Verwirrung der Gefühle.*** Die psychologisch pointierte Titelnovelle der gleichnamigen Sammlung thematisiert Triebhaftigkeit und körperliches Begehren, zentrale Themen bei Zweig, anhand einer ungewöhnlichen Dreiecksgeschichte: Ein Anglistikprofessor fasst eine homophile Neigung zu einem Studenten, der ihn mit seiner Frau betrügt.

Romane

Aus dem Nachlass herausgegeben wurden zwei Romanfragmente, *Rausch der Verwandlung* und *Clarissa*, die beide die gesellschaftlichen Umbrüche in Österreich thematisieren. Einziger zu Lebzeiten Zweigs erschienener Roman ist *Ungeduld des Herzens* (1938). Erzählt wird eine Geschichte, in der Mitleid und Liebe, Feigheit und der Ehrenkodex des Soldaten miteinander kollidieren. In einer Garnisonsstadt der österreichisch-ungarischen Monarchie entwickelt sich aus einem gesellschaftlichen Fauxpas eine Tragödie: Der Ulanenleutnant Hofmiller weiß nicht, dass Edith, die Tochter seines Gastgebers, gelähmt ist, und fordert sie zum Tanz auf. Die Bemühungen, diesen Fehler wieder gutzumachen, treiben Hofmiller schließlich in eine Verlobung. Vor seinen Kameraden streitet er diese Verbindung ab; Edith erfährt davon und bringt sich um.

Das psychologische Moment fesselte Zweig auch in seinen geschichtlichen Darstellungen. Am erfolgreichsten war er mit seinen *Sternstunden der Menschheit* (1927), einer Sammlung von fünf Essays, von denen drei Jahre nach ihrem ersten Erscheinen bereits eine Viertelmillion verkauft war und die 1943 auf insgesamt zwölf »historische Miniaturen« erweitert wurde. Zweigs Geschichtskonzeption sucht nach schicksalhaften Wendepunkten, nach Momenten, in denen das Individuum zum Gestalter der Geschichte wird, sowohl in der Bewährung wie durch sein Versagen.

Sternstunden der Menschheit

Großen Erfolg hatte Zweig auch mit seinen Biographien: *Joseph Fouché* (1929) schildert den Lebensweg eines politischen Wendehalses, der geschickt und erfolgreich durch die Französische Revolution, die Ära Napoleons und die Restaurationszeit laviert. In den frühen dreißiger Jahren beschäftigte Zweig sich mit dem tragischen Schicksal zweier Königinnen, die beide durch Hinrichtung endeten: *Marie Antoinette* (1932) und *Maria Stuart* (1935). Unter dem Eindruck einer Reise nach Brasilien und Argentinien entstand *Magellan. Der Mann und seine Tat* (1938), die spannende Darstellung jener Expedition, die erstmals die Welt umrundete. Von Richard Friedenthal vollendet, erschien 1946 postum *Balzac*, die Lebensgeschichte des französischen Romanschriftstellers.

Historische Biographien

In Zweigs Auseinandersetzung mit Macht und Gewalt unter dem Eindruck der nationalsozialistischen Machtergreifung sind zwei biographische Arbeiten besonders hervorzuheben: *Triumph und Tragik des Erasmus von Rotterdam* (1934) und *Castellio gegen Calvin oder Ein Gewissen gegen die Gewalt* (1936). In Ersterer zeichnet Zweig den Humanisten Erasmus als Mann der Mitte, der

Humanismus

in die Auseinandersetzung zwischen Luther und der katholischen Kirche gerät und an den Widersprüchen der Zeit scheitert. Als sein Vermächtnis hinterlässt er eine politische Ethik und eine Friedensidee, die dem von Diktaturen und zunehmender Radikalisierung geprägten Europa der dreißiger Jahre durchaus hätten zuträglich sein können. In *Castellio gegen Calvin* setzt sich Zweig mit engstirnigem Führertum auseinander und tritt für Toleranz und gegen die Verfolgung und Hinrichtung Andersdenkender ein: Sebastian Castellio (1515–63) zieht im Kampf mit seinem ehemaligen Freund Calvin, der in Genf einen strengen Gottesstaat eingerichtet hat, den Kürzeren und muss die Stadt verlassen.

Zweig versucht in diesen beiden Darstellungen, die ethische Dimension von Geschichte an sein Publikum weiterzuvermitteln – in einer Zeit, in der die Thematisierung humanistischer Ideale in der »offiziellen«, politisch linientreuen deutschen Literatur nicht sehr hoch im Kurs stand.

Beide Biographien sind in gewissem Sinne auch Selbstporträts ihres Verfassers. Im Mittelpunkt stehen historische Gestalten, die als Vermittler zwischen Gegensätzen auftreten, Menschenrechte verfechten und dabei mit Bedrängnis und Niederlage konfrontiert werden – der Arbeitstitel des Erasmusbuches lautete noch »Bildnis eines Besiegten«. Diese Möglichkeit des Scheiterns hat Zweig seinem Dr. B. in der *Schachnovelle* ebenso eingeräumt. Und auch sonst nehmen die Lebensläufe von Erasmus und Castellio einiges von jenem der Hauptfigur in Zweigs letzter Erzählung vorweg: das Durchleben der Momente von Triumph und Tragik, die Konfrontation des auf Ausgleich bedachten Geistesmenschen mit einer intoleranten Macht, schließlich der Zwang zum Exil.

8. Rezeption

Druckgeschichte

Die Druckgeschichte der *Schachnovelle* ist nicht ganz einfach. 1942 erschien die erste deutschsprachige Ausgabe in Buenos Aires, auf nur 250 Stück limitiert. Parallel zu dieser im Verlag Pigmalión erschienenen Auflage existiert ein Raubdruck von 50 nummerierten Exemplaren. Noch im September desselben Jahres brachte der brasilianische Verlag Editora Guanabara eine portugiesische Übersetzung unter dem Titel *Apartida de xadrez* heraus, in der einige Fehler des Autors bereinigt wurden. 1943 folgte die deutsche Erstausgabe bei Bermann-Fischer; Erscheinungsort war Stockholm, da der Verlag ins neutrale Schweden hatte ausweichen müssen, um dort Autoren herausbringen zu können, die den Nationalsozialisten ein Dorn im Auge waren.

Bevor Stefan Zweig aus dem Leben schied, hatte er alles für eine spätere Publikation der *Schachnovelle* vorbereitet. Am 21. Februar 1942, zwei Tage vor seinem Tod, schickte er das Typoskript an seinen amerikanischen Verleger Ben Huebsch, dem er brieflich auch alle Rechte daran übertrug; zwei andere Exemplare gingen nach Stockholm und Buenos Aires. 1944 erschien die englische Übersetzung *The Royal Game* im New Yorker Verlagshaus Viking Press. Auch die erste deutschsprachige Ausgabe, die nach Kriegsende auf den Markt kam, wurde im Ausland verlegt: 1949 in Amsterdam, mit Zeichnungen von Hans Fronius. Ein systematischer, historisch-kritischer Textvergleich all dieser Ausgaben und der erreichbaren Typoskripte ist noch nicht erfolgt.

Stefan Zweig hielt das Thema seiner Novelle für wenig zugkräftig: Stoff für ein Minderheitenpublikum. Eine kapitale Fehleinschätzung, denn von Anfang an war die Wirkungsgeschichte eine internationale. Mittlerweile zählt das Buch vielerorts zum Standardrepertoire bei der Vermittlung von Deutsch als Fremdsprache, und auch die Anzahl der nichtdeutschsprachigen Ausgaben ist imponierend. Eine Bibliographie aus dem Jahr 2002 hat für den Zeitraum zwischen 1942 und 1999 insgesamt 41 Sprachen ermittelt, in die die *Schachnovelle* übersetzt worden ist;[23] neben mehrfachen Übertragungen ins Englische und Spanische finden sich unter anderem Ausgaben in Albanisch, Bengali, Isländisch, Japanisch, Kirgisisch, Litauisch, Türkisch und Usbekisch. Bereits 1949 erschien eine Fassung in Esperanto. Großes Echo fand die *Schachnovelle* auch im China nach dem Tod Mao Zedongs 1976 und dem Ende seiner Terrorherrschaft, die im Zeichen radikaler kommunistischer Indoktrination gestanden hatte. So fand das Erlebnis der kollektiven Gehirnwäsche während der Kulturrevolution einen geeigneten Resonanzraum in den Leiden des Dr. B., die zahlreichen chinesischen Lesern Möglichkeit zur Identifikation boten.[24]

Weltweite Wirkung

Auch als Kultbuch für Schachspieler hat sich die *Schachnovelle* inzwischen etabliert. Sie wird in Schachhandbüchern und Schachlexika behandelt und hat viele Leser angeregt, sich intensiver mit dem königlichen Spiel zu beschäftigen – darunter beispielsweise den Schriftsteller Max von der Grün, der davon im Nachwort des 1981 erschienenen *Stefan Zweig Buchs* berichtet.[25]

Lektüre für Schachfreunde

Nachkriegs-
rezeption

Nicht immer herrschte nach dem Tod des Autors solche Offenheit gegenüber seinem Werk. Im Österreich der unmittelbaren Nachkriegszeit mochte man sich für ihn nicht so richtig erwärmen.[26] Aus unterschiedlichen Gründen sahen die Parteien links wie rechts keine Veranlassung, das Andenken an ihn hochzuhalten: Den einen war sein Engagement gegen den Nationalsozialismus zu halbherzig, den anderen erschien seine Loyalität mit dem Dollfuß-Regime nach 1933 zu schwach. Zu Lebzeiten war dem Autor nichts daran gelegen gewesen, sich einem politischen Lager zuschlagen zu lassen, was seine Rezeption nach dem Krieg nachhaltig behinderte. Erst später lernte das Publikum Zweig als einen Schriftsteller schätzen, dem der Humanismus mehr galt als die Ideologie, die Idee der Völkerverständigung mehr als einseitige Parteinahme. So klingt die Stimme des Paneuropäers Zweig in einem zusammenwachsenden Europa wieder recht frisch.

Verfilmung

Eine wichtige, wenn auch künstlerisch nicht unumstrittene Wegmarke zur Wiederentdeckung Zweigs ist die 1960 entstandene Verfilmung der *Schachnovelle* in einer deutschen und englischen Version unter der Regie von Gerd Oswald. Zusammen mit Harold Medford und Herbert Reinecker verfasste er ein Drehbuch, das den Handlungsverlauf der Zweig-Novelle tiefgreifend umgestaltete.

Der Beginn der Rahmenhandlung wird dabei nur geringfügig variiert. Die Abfahrt der »S. S. Adria« aus dem Hafen von Triest verzögert sich, weil der Kapitän noch auf einen verspäteten Passagier wartet – nicht auf den Schachweltmeister Czentovic (Mario Adorf), dem die Gesellschaft von österreichischen und tschechischen Flüchtlingen an Bord zuwider ist, sondern auf Dr. B., im Film: Dr. Werner von Basil (Curd Jürgens) –, der von einem befreundeten Bischof (Hans Söhnker) zum Schiff gebracht wird. Die vermittelnde Figur des Erzählers ist gestrichen. Anders als in der Novelle, wo die Passagiere den Weltmeister erst nach mehrtägiger Fahrt auf hoher See zu einer Partie bewegen können, greift Basil schon wenige Stunden nach dem Auslaufen in das Spiel ein.

Die Rückblende beginnt unmittelbar nach dem Anschluss Österreichs, mit einem Ball im Hotel Metropole. Werner von Basil begegnet der schönen Primaballerina Irene Andreny (Claire Bloom), die sich mit den neuen Machthabern arrangiert hat: Ihr Begleiter ist der glatte Hans Berger (Hansjörg Felmy), Kulturbeauftragter der Nazis in Wien. Wenn im Buch zwischen Täter und Opfer nur eine anonyme Beziehung herrscht, so gewinnt dieses Verhältnis im Film eine private Dimension in der Art einer Dreiecksgeschichte, denn Irene ist Dr. von Basil nicht ganz gleichgültig. Ihre Warnung kommt ebenso zu spät wie die des Bischofs: Dr. von Basil wird verhaftet und Berger zur Vernehmung überstellt.

Der Film löst die Monotonie der Haft auf, indem er konkret sichtbar macht, wie sich der Häftling die Schachpartien aneignet. Werner von Basil knetet Spielfiguren aus Brotresten, mit denen er auf seiner karierten Bettdecke die Züge einstudiert. Nachdem ihm Berger das Buch weggenommen und Dunkelhaft verordnet hat, hilft sich von Basil mit dem Schattenmuster weiter, das das vergitterte Fenster wie Felder eines Schachbretts an die Wand wirft.

Am Ende des Films verlagert sich der Akzent von der Partie gegen Czentovic auf die Wiederbegegnung mit Irene, die in Venedig zusteigt. Sie wäre sogar bereit gewesen, ihre

Gunst Berger zu schenken, nur um dadurch von Basils Drangsal zu beenden. Zwischen Mitläufertum und Gewissen hat sie die richtige Wahl getroffen.

Curd Jürgens lieferte in der Rolle des mondänen, ironischen Dr. von Basil, der in der Haft zunehmend die Kontrolle über sich selbst verliert und zum seelischen Krüppel wird, eine überzeugende Leistung als Charakterdarsteller. Weniger überzeugend ist das Drehbuch, in dem vieles der eigentlichen Substanz der Novelle von einem sentimental angereicherten Beziehungsdrama überlagert wird. »Der deutsche Problemfilm gefällt sich wieder einmal in der Rolle des umgekehrten König Midas: Was er an Literatur berührt, verwandelt er in Unterhaltungsschrott«, äußerte sich die zeitgenössische Filmkritik missbilligend.[27] Mag Zweig auch in der Handlung nicht immer präsent sein, optisch ist er es immerhin: Sein Porträtfoto hängt in Dr. von Basils Wohnung an der Wand.

9. Checkliste

Die Seitenangaben beziehen sich auf den Lektüreschlüssel.

1. Historischer Hintergrund Überblick: 6 f., 54 »Anschluss« Österreichs: 37 f., 60 f. Einmarsch in der »Rest-Tschechei«: 41 f. Persönlichkeiten (Engelbert Dollfuß: 36 f.; Kurt Edler von Schuschnigg: 37; Czentovic und Hitler: 47 ff.) Nationalsozialismus (Gestapo: 37; SS: 38) Zweig und das Dritte Reich: 60 ff., 64 Exilthematik und Schauplatz Schiff: 24 f.

2. Gattung und Form Titel: 4 Gegensätze als Kompositionsprinzip: 17 f. Ich-Erzähler: 20 f. Erzählebenen: 22 f. »Unerhörte Begebenheit«: 23 f. Schauplatz: 24 ff. (Historisches Vorbild für das Hotelzimmer: 38 f.) Deutungsmöglichkeiten des Endes: 53 ff. Konservative Gestaltung: 63.

3. Sprache Sprache bei Dr. B. und Czentovic: 14 f. Sprache und Gewalt: 49 Sprache als Abbild der Isolationshaft: 50 ff. Konservativer Stil: 63.

4. Antithetische Konzeption Grundprinzip der *Schachnovelle*: 6 Altes Österreich und Naziherrschaft: 14 Czentovic und Dr. B.: 17 f. Schachspiel als Wissenschaft und Kunst: 45 f. Reduktion der Sprache und rhetorische Durchgestaltung: 50 ff.

5. Dr. B. Charakterisierung: 13 ff. Dr. B. als innerlich gebrochener Charakter: 54 f. Bedeutung der Rückblenden: 23 Verhältnis zum Schachspiel: 45 f. Sprachliche Darstellung der Monotonie: 50 ff. Vergleich mit Czentovic: 17 f. Vergleich mit Zweig: 62 Vergleich mit Erasmus und Castellio: 67 Unterschiede zur Filmfigur: 70 ff.

6. Czentovic Charakterisierung: 15 ff. Bedeutung der Rückblenden: 23 Sympathielenkung durch den Erzähler: 55 Vergleich mit Dr. B.: 17 f. Vergleich mit McConnor: 19 Vergleich mit Hitler: 47 ff. Kurzcharakteristiken von Schachmeistern im Vergleich zur Karriere von Czentovic: 27 ff., 47

7. Erzähler Charakterisierung: 20 f. Ablösung durch Dr. B.: 50 Rolle am Ende der Novelle: 53 f.

8. Biographische Lesart Zweig und der Ich-Erzähler: 20 Zweig und Hitler: 55 Zweig und Dr. B. (Kultiviertheit: 57, Auseinandersetzung mit der Gewalt: 62)

9. Irrationale Aspekte Zwiespältigkeit des Schachspiels: 5 f. Dämonie: 46 »Beschwörung« von Dr. B. durch den Erzähler: 53

10. Psychologische Aspekte Czentovic als Psychotaktiker: 16 f. Psychoterror (Isolation im Hotelzimmer: 26) Dr. B. als gespaltene Persönlichkeit: 46 Phantasie und Vorstellungsgabe: 48 f. Isolation und Sprache: 50 ff. Zweigs Interesse an der Psychologie: 63, 66

11. Gewalt Dr. B. als Opfer der Gewalt: 13 f. Czentovic als »Feldherr« des Schachbretts: 15 f. Sprache und Gewalt: 49 Pessimistische und optimistische Lesart: 53 ff. Biographische Aspekte (Verhältnis Zweigs zu Krieg und Gewalt: 57 f., 62; Macht und Gewalt als Thema von Zweigs Biographien: 66 f.)

12. Geld Czentovic: 16 f. McConnor: 19

13. Schachspiel als zentrales Dingsymbol Czentovic als Wunderkind: 15 Verhältnis der Hauptfiguren zum Schachspiel: 21 Glaubwürdigkeit der Darstellung bei Zweig: 32 f., 48 Analyse der Stellung in der Quelle Zweigs: 34 f. Schach und Literatur: 44 *Schachnovelle* als Kultbuch für Schachfreunde: 5, 69

14. Apolitische Grundtendenz Widerstandsthematik (Aussparen: 14; Sinn des Widerstandes: 55) Czentovic als unpolitischer Charakter: 16 Zweig und die Politik: 62, 70

15. Die Schachnovelle im Kontext von Zweigs Erzählwerk Schauplatz Hotelzimmer: 25 f. Sympathie mit den Unterlegenen: 55 Psychologie: 63 Macht und Gewalt als Thema von Zweigs Biographien: 66 f.

10. Lektüretipps

Autor und Gesamtwerk

Müller, Hartmut: Stefan Zweig. Reinbek bei Hamburg 1988. (rowohlts monographien. 50413.) – *Eine Biographie, die durch ihren kritischen Zugang zu Leben und Werk überzeugt.*

Prater, Donald A. / Volker Michels: Stefan Zweig. Leben und Werk in Bildern. Frankfurt a. M. 1981. – *Quellentexte von Zweig und seinen Zeitgenossen werden mit sorgfältig zusammengestelltem, teilweise bislang unveröffentlichtem Bildmaterial präsentiert.*

Renolder, Klemens / Hildemar Holl / Peter Karlhuber (Hrsg.): Stefan Zweig. Bilder – Texte – Dokumente. Salzburg/Wien 1993. – *Der Band kombiniert Quellentexte von Zweig und seinen Zeitgenossen mit einer Fülle von Schwarzweißfotos.*

Sauvat, Catherine: Stefan Zweig und Wien. Hildesheim 2000. – *Die Autorin zeichnet in diesem Bildband ein Porträt von Zweigs Vaterstadt um 1900; zeitgenössische Fotos werden dabei mit zeitgenössischen, von Hélène Moulonguet aufgenommenen Ansichten kombiniert.*

Strelka, Joseph: Stefan Zweig. Freier Geist der Menschlichkeit. Wien 1981. – *Zusammen mit der im gleichen Jahr erschienenen Biographie »Das Leben eines Ungeduldigen« von Donald A. Prater markiert dieses Werk den Beginn einer neuen Auseinandersetzung mit dem Dichter, die anlässlich der 100. Wiederkehr seines Geburtstags einsetzte.*

Weinzierl, Ulrich (Hrsg.): Stefan Zweig. Triumph und Tragik. Aufsätze, Tagebuchnotizen, Briefe. Frankfurt a. M.

1992. – *Eine Fundgrube an Kommentaren zu Person und Werk Zweigs, die nicht nur Zeugnis von seiner weltweiten Wirkung ablegen, sondern ihn auch kritisch als umstrittene Person innerhalb der schreibenden Zunft erscheinen lassen.*

Zweig, Stefan: Die Welt von Gestern. Erinnerungen eines Europäers. Frankfurt a. M. 1970 – *Der Titel ist Programm, denn in seiner 1944 erstmals erschienenen Autobiographie verrät Zweig über sich selbst nicht sehr viel, sondern schildert vielmehr Zeit und Zeitgenossen aus seinem persönlichen Blickwinkel.*

Epoche

Riegel, Paul / Wolfgang van Rinsum: Drittes Reich und Exil 1933–1945. München 2000. (Deutsche Literaturgeschichte. 10.) – *Die preisgünstige Literaturgeschichte des Deutschen Taschenbuch Verlags in 12 Bänden legt das Schwergewicht auf Interpretationen repräsentativer Werke und bringt auch größere Leseproben. Zur »Schachnovelle«: S. 200–204.*

Schachnovelle

Textausgabe

Zweig, Stefan: Schachnovelle. Frankfurt a. M.: Fischer Taschenbuch Verlag, [50]2003. (Fischer Taschenbuch. 1522.) – *Nach dieser Taschenbuchausgabe wird zitiert.*

Video

Schachnovelle (1960) Darsteller: Curd Jürgens, Mario Adorf, Claire Bloom, Hansjörg Felmy u. a. Buch: Harold Medford, Gerd Oswald, Herbert Reinecker; Regie: Gerd Oswald (Arthaus / MCP 000880).

Sekundärliteratur

Boll, Andrea / Christiane von Schachtmeyer (Hrsg.): Stefan Zweig, *Schachnovelle*. Kopiervorlagen. München 2002. – *Ein ansprechend konzipiertes Kompendium für den Literaturunterricht: Arbeitsblätter, die das Textverständnis schärfen und zu kreativem Umgang mit Literatur anregen, behandeln Problemkreise wie Charakterisierung, Aufbau, Exil oder Schachspiel; ein Lösungsteil und didaktische Hinweise sind am Ende beigegeben.*

Freund-Spork, Walburga: Erläuterungen zu Stefan Zweig, *Schachnovelle*. Hollfeld 2002. – *Eine primär für den Schulgebrauch bestimmte Analyse, die – in neuem Layout – den im selben Verlag erschienenen Interpretationsband von Friedrich Hobek (1998) ersetzt.*

Gepner, Corinna: Stefan Zweig, Le joueur d'échecs. Rosny 2000. – *Diese auf Französisch erschienene Lektürehilfe dokumentiert indirekt die anhaltende internationale Wirkung Stefan Zweigs.*

Meissenburg, Egbert: Bibliographie der Sekundärliteratur zu Stefan Zweigs *Schachnovelle*. Seevetal 1998. – *Vom selben Autor stammen sowohl eine Bibliographie fremdsprachiger Erstausgaben (2002; vgl. Anm. 23) als auch eine Analyse unter dem Titel »Ein Buch! Ein Buch! Ein Buch!« (1997).*

Poppe, Reiner: Stefan Zweig, *Schachnovelle*. Interpretationen und Unterrichtsmaterialien. Hollfeld 1988. (Analysen und Reflexionen. 66.) – *Fast ein halbes Jahrhundert nach Erscheinen der Schachnovelle die erste selbständige deutschsprachige Buchpublikation zu diesem Thema.*

Schwamborn, Ingrid (Hrsg.): Die letzte Partie. Stefan Zweigs Leben und Werk in Brasilien (1932–1942). Bielefeld 1999. – *Der Band erhellt in zahlreichen Beiträgen die letzten Lebensjahre des Autors. Von S. 209 bis 321 sind Aufsätze zur »Schachnovelle« abgedruckt, darunter u. a. von dem Suhrkamp-Verleger Siegfried Unseld oder dem Literaturprofessor und Schachexperten Luiz Geraldo de Miranda Leão, der eine knappe Analyse der bei Zweig angedeuteten Stellung vorlegt.*

Sørensen, Bengt Algot: *Schachnovelle*. In: Interpretationen: Erzählungen des 20. Jahrhunderts. Bd. 1. Stuttgart 1996. S. 250–264. – *Die Analyse behandelt den biographischen Kontext, Aufbau und Erzählperspektive, Psychologie und Spannungskunst sowie Idee und Symbolik.*

Veselý, Jiří: Das Schachspiel in der *Schachnovelle*. In: Österreich in Geschichte und Literatur 13/6 (1969) S. 517–523. – *Der erste wissenschaftliche Aufsatz zur »Schachnovelle«; darin weist der Verfasser auf einige sachliche Ungenauigkeiten Zweigs hin.*

Anmerkungen

1 Stefan Zweig an Joseph Roth (undat. Brief, vermutlich Sommer 1938), in: Stefan Zweig, *Briefe an Freunde*, hrsg. von Richard Friedenthal, Frankfurt a. M. 1984, S. 291–292, S. 291.
2 So etwa Reiner Poppe, *Stefan Zweig, Schachnovelle. Interpretationen und Unterrichtsmaterialien*. Hollfeld 1988 (Analysen und Reflexionen, 66), S. 45, 60.
3 Über Hotels in Stefan Zweigs Novellen vgl. Gabriella Rovagnati, *»Umwege auf dem Wege zu mir selbst«. Zu Leben und Werk Stefan Zweigs*, Bonn 1998, S. 128–144.
4 Vgl. Jiří Veselý, *Das Schachspiel in der Schachnovelle*, in: *Österreich in Geschichte und Literatur* 13/6 (1969) S. 517–523, S. 519. – Auf diesen Aufsatz nehmen auch andere Stellen im Kommentarteil Bezug, die auf Ungenauigkeiten und Widersprüchlichkeiten bei der Behandlung von Schachdetails in Zweigs Novelle verweisen.
5 Ebd., S. 521.
6 Die Beschaffung dieser Partie verdanke ich Hrn. Mag. Andreas Kwech, dessen freundschaftlicher und kompetenter Rat auch in anderen Sachfragen zum Thema Schach äußerst hilfreich war.
7 Vgl. dazu Robert Gellately, *Die Gestapo und die deutsche Gesellschaft. Die Durchsetzung der Rassenpolitik 1933–1945*, Paderborn 1993. – *Die Gestapo – Mythos und Realität*, hrsg. von Gerhard Paul und Klaus Michael Mallmann, Darmstadt 1995.
8 Vgl. Winfried Freund, *Novelle*, Stuttgart 1998, S. 273.
9 Stefan Zweig, *Die Welt von Gestern. Erinnerungen eines Europäers*, Frankfurt a. M. 1997, S. 78.
10 Vgl. Hanspeter Brode, »Mirko Czentovic – ein Hitlerporträt? Zur zeithistorischen Substanz von Stefan Zweigs *Schachnovelle*«, in: *Die letzte Partie. Stefan Zweigs Leben und Werk in Brasilien (1932–1942),* hrsg. von Ingrid Schwamborn, Bielefeld 1999, S. 223–227.
11 Stefan Zweig (Anm. 9), S. 83.
12 Vgl. dazu Manfred Koch-Hillebrecht, *Homo Hitler. Psychogramm des deutschen Diktators*, München 1999.
13 Zweig (Anm. 9), S. 198.
14 Brode (Anm. 10), S. 227.

15 Zweig (Anm. 9), S. 55.
16 Ebd., S. 328.
17 *Die Fackel* XXXIII (864–867), S. 62.
18 Stefan Zweig an Friderike Zweig (18. Februar 1942) [aus dem Englischen übertragen], in: Zweig, *Briefe an Freunde* (Anm. 1), S. 350.
19 Eintragung vom 2. März 1942, in: Thomas Mann, *Tagebücher 1940–1943*, hrsg. von Peter de Mendelssohn, Frankfurt a. M. 1982, S. 400.
20 Friedrich Torberg, *Zum Selbstmord von Stefan Zweig*, in: F. T., *Voreingenommen wie ich bin. Von Dichtern, Denkern und Autoren*, hrsg. von David Axmann und Marietta Torberg, München 1991, S. 204–205, S. 204.
21 Stefan Zweig an Klaus Mann (18. September 1933), in: Klaus Mann, *Briefe und Antworten 1922–1949*, hrsg. und mit einem Vorw. von Martin Gregor-Dellin, München 1987, S. 136–138, S. 136.
22 Stefan Zweig an Friderike Zweig (4. Februar 1942) [aus dem Englischen übertragen], in: Zweig, *Briefe an Freunde* (Anm. 18), S. 347–348, S. 348
23 Vgl. Egbert Meissenburg, *Stefan Zweig, »Schachnovelle«. Bibliographie ihrer Übersetzungen (Erstausgaben) in nicht deutsche Sprachen,* Seevetal 2002.
24 Vgl. Li Yang, *Zur Konkretisierungsproblematik in der internationalen Literaturrezeption am Beispiel Stefan Zweigs in China*, Phil. Diss. Wien 1987.
25 *Das Stefan Zweig Buch*. Mit einem Nachwort von Max von der Grün, hrsg. von Knut Beck, Frankfurt a. M. 1981, S. 397.
26 Vgl. Klaus Zelewitz, »Stefan Zweig in Österreich nach 1945«, in: *Eine schwierige Heimkehr. Österreichische Literatur im Exil 1938–1945*, hrsg. von Johann Holzner, Sigurd Paul Scheichl und Wolfgang Wiesmüller, Innsbruck 1991 (Innsbrucker Beiträge zur Kulturwissenschaft. Germanistische Reihe, 40), S. 385–392.
27 Karl Schumann in der *Süddeutschen Zeitung*, zit. nach: Robert Fischer / Joe Hembus, *Der Neue Deutsche Film 1960–1980*, München 1981, S. 244.

Raum für Notizen

Lektüreschlüssel für Schüler

Andersch: *Sansibar oder der letzte Grund.* 96 S. UB 15311

Jurek Becker: *Jakob der Lügner.* 80 S. UB 15346

Böll: *Die verlorene Ehre der Katharina Blum.* 66 S. UB 15364

Brecht: *Der kaukasische Kreidekreis.* 96 S. UB 15351

Brecht: *Leben des Galilei.* 91 S. UB 15320

Brecht: *Mutter Courage.* 95 S. UB 15329

Büchner: *Dantons Tod.* 96 S. UB 15344

Büchner: *Leonce und Lena.* 96 S. UB 15319

Camus: *L'Étranger.* 93 S. UB 15357

Döblin: *Berlin Alexanderplatz.* 89 S. UB 15317

Droste-Hülshoff: *Die Judenbuche.* 53 S. UB 15305

Dürrenmatt: *Die Physiker.* 77 S. UB 15302

Eichendorff: *Aus dem Leben eines Taugenichts.* 88 S. UB 15306

Fontane: *Effi Briest.* 87 S. UB 15327

Fontane: *Irrungen. Wirrungen.* 88 S. UB 15367

Fontane: *Unterm Birnbaum.* 82 S. UB 15307

Frisch: *Andorra.* 78 S. UB 15332

Frisch: *Biedermann und die Brandstifter.* 84 S. UB 15330

Frisch: *Homo faber.* 87 S. UB 15303

Goethe: *Faust I.* 69 S. UB 15301

Goethe: *Götz von Berlichingen.* 71 S. UB 15331

Goethe: *Iphigenie auf Tauris.* 72 S. UB 15350

Goethe: *Die Leiden des jungen Werther.* 75 S. UB 15312

Gotthelf: *Die schwarze Spinne.* 79 S. UB 15336

Grass: *Im Krebsgang.* 96 S. UB 15338

Grass: *Katz und Maus.* 79 S. UB 15304

Hauptmann: *Bahnwärter Thiel.* 70 S. UB 15314

Hebbel: *Maria Magdalena.* 83 S. UB 15361

Heine: *Deutschland. Ein Wintermärchen.* 79 S. UB 15325

Hesse: *Unterm Rad.* 96 S. UB 15340

E.T.A. Hoffmann: *Das Fräulein von Scuderi.* 74 S. UB 15321

E.T.A. Hoffmann: *Der goldne Topf.* 74 S. UB 15326

E.T.A. Hoffmann: *Der Sandmann.* 72 S. UB 15354

Huxley: *Brave New World. Schöne neue Welt.* 79 S. UB 15366

Ibsen: *Nora (Ein Puppenheim).* 80 S. UB 15360

Kafka: *Die Verwandlung.* 94 S. UB 15342

Keller: *Kleider machen Leute.* 87 S. UB 15313

Keller: *Romeo und Julia auf dem Dorfe.* 87 S. UB 15324

Kleist: *Das Erdbeben in Chili.* 79 S. UB 15322

Kleist: *Michael Kohlhaas.* 79 S. UB 15334

Kleist: *Der zerbrochne Krug.* 85 S. UB 15333

Lessing: *Emilia Galotti.* 93 S. UB 15318

Lessing: *Minna von Barnhelm.* 60 S. UB 15323

Lessing: *Nathan der Weise.* 96 S. UB 15316

Thomas Mann: *Mario und der Zauberer.* 72 S. UB 15343

Thomas Mann: *Der Tod in Venedig.* 96 S. UB 15358

Thomas Mann: *Tonio Kröger.* 67 S. UB 15309

Musil: *Die Verwirrungen des Zöglings Törleß.* 96 S. UB 15345

Orwell: *1984.* 68 S. UB 15362

Rhue: *The Wave.* 62 S. UB 15355

Schiller: *Don Karlos.* 88 S. UB 15352

Schiller: *Kabale und Liebe.* 70 S. UB 15335

Schiller: *Maria Stuart.* 84 S. UB 15310

Schiller: *Die Räuber.* 90 S. UB 15328

Schiller: *Der Verbrecher aus verlorener Ehre.* 88 S. UB 15353

Schiller: *Wilhelm Tell.* 78 S. UB 15337

Schlink: *Der Vorleser.* 77 S. UB 15359

Shakespeare: *Romeo and Juliet.* 68 S. UB 15341

Sophokles: *Antigone.* 83 S. UB 15348

Sophokles: *König Ödipus.* 87 S. UB 15356

Storm: *Der Schimmelreiter.* 96 S. UB 15315

Süskind: *Das Parfum.* 93 S. UB 15370

Tieck: *Der blonde Eckbert.* 88 S. UB 15349

Wedekind: *Frühlings Erwachen.* 64 S. UB 15308

Zuckmayer: *Der Hauptmann von Köpenick.* 96 S. UB 15347

Zweig: *Schachnovelle.* 82 S. UB 15365

Reclam